Martin Liepach

Geschichte

von 1789 bis heute

POCKET TEACHER

Cornelsen

SCRIPTOR

Der Autor
Dr. Martin Liepach ist Lehrer an einem Gymnasium und Autor zahlreicher Fachaufsätze und Beiträge zur Didaktik der Geschichte.

Bibliografische Information der Deutschen Nationalbibliothek
Die Deutsche Nationalbibliothek verzeichnet diese Publikation in der Deutschen Nationalbibliografie; detaillierte bibliografische Daten sind im Internet über http://dnb.d-nb.de abrufbar.

4., aktualisierte Auflage
 D C B A
Bibliographisches Institut GmbH
Dudenstraße 6, 68167 Mannheim

Redaktionelle Leitung: Heike Krüger-Beer
Redaktion: Dirk Michel, Claudia Fahlbusch
Herstellung: Andreas Preising
Umschlaggestaltung: glas AG, Seeheim-Jugenheim
Umschlagabbildung: © Teerapun Fuangtong – Fotolia.com
Satz: Buchprojekt, Ernen (Schweiz)
Grafiken: Rainer J. Fischer
Druck und Bindung: fgb – freiburger graphische betriebe GmbH & Co. KG, Bebelstraße 11, 79108 Freiburg i. Br.
Printed in Germany

ISBN 978-3-411-86995-4

Inhalt

Vorwort

Liebe Schülerin, lieber Schüler!
Der handliche POCKET TEACHER bringt dir viele Vorteile: Er informiert knapp und genau. Daten, Ereignisse, Begriffe, Personen – alles ist übersichtlich geordnet und leicht verständlich.

Du kannst die gewünschten Infos am schnellsten über das Stichwortverzeichnis am Ende des Bandes finden. Stichwort vergessen? Dann schaue am besten ins Inhaltsverzeichnis und suche im entsprechenden Kapitel nach dem Wort.

Im Text deines POCKET TEACHERS findest du viele farbige Pfeile. Sie verweisen auf andere Stellen im Buch, wo du weitere Informationen zum selben Thema findest.

Lerncheck Am Ende jedes Kapitels werden die wichtigsten Inhalte in einer Checkliste abgefragt. So kannst du dein Wissen schnell testen. Entdeckst du noch Lücken, dann gibt es hier Hinweise, welche Seiten du noch einmal genau lesen solltest.

Der POCKET TEACHER Geschichte – von 1789 bis heute – erklärt den wichtigsten Stoff zum Thema Geschichte, den du in der Sekundarstufe I brauchst.

Außerdem gibt er viele Informationen und Hilfen:

▶ Unter diesem Zeichen findest du kurze Definitionen von wichtigen historischen und politischen Begriffen wie z. B. Souveränität, Imperialismus, totaler Krieg.

Kurzbiografie Geschichte wird auch von Personen gemacht – eingebettet in die Zeit, in der sie gelebt und gehandelt haben.

BEISPIELE Schwer verständliche Prozesse werden durch Beispiele anschaulich. So wird der Hass auf die Weimarer Republik im Beispiel der Dolchstoßlegende greifbar.

Natürlich kann die POCKET-TEACHER-Reihe ausführliche Schulbücher mit Übungen und Beispielen nicht ersetzen. Das soll sie auch nicht. Sie ist deine Lernhilfenbibliothek für alle Gelegenheiten, besonders für Hausaufgaben oder für die Vorbereitung auf Klassenarbeiten und Abschlussprüfungen.

1 Französische Revolution und Herrschaft Napoleons

1789	1790	1792	1795	1799	1800
Erklärung der Menschen- und Bürgerrechte		Ausrufen der Republik	Direktoriums-herrschaft	Putsch Napoleons	

1.1 Vom Ancien Régime zur Republik

Ancien Régime

Die alte gesellschaftliche Ordnung vor der Revolution wird das Ancien Régime genannt. Die Menschen lebten in einer ständischen Ordnung, die jedem seinen Platz und seine Lebenschance zuteilte. Durch Geburt war man Adliger, Bürger, Bauer oder Standesloser (Knechte, Mägde, Arme) und die Möglichkeit, sich über seinen Stand zu erheben, war gering. Nutznießer dieser Ordnung war der Adel, der von den wichtigsten königlichen Steuern befreit war, während die große Masse der wirtschaftlich Abhängigen die Lasten trug.

Die **Ständeversammlung**, auch Generalstände genannt, hatte das Recht zur Steuerbewilligung. In ihr besaßen die ersten beiden Stände (Geistlichkeit, Adel) gegenüber dem dritten (Bürger) das Übergewicht, da nicht nach Köpfen, sondern nach Ständen abgestimmt wurde. Jeder Stand hatte eine Stimme. Als 1788 zum ersten Mal seit 1614 wieder die Generalstände in Frankreich vom König einberufen wurden, hatten sich zahlreiche Probleme (u. a. Finanzkrise, Hungersnot) angestaut.

1810	
1806	Ende des Heiligen Römischen Reichs Deutscher Nation
1811/12	Russlandfeldzug
1815	Verbannung Napoleons

1

- **5.5.1789** **Ludwig XVI.** eröffnet die Versammlung der Generalstände mit 1 200 Abgeordneten.
- **17.6.1789** Der dritte Stand erklärt sich zur Nationalversammlung und fordert die beiden anderen Stände auf, sich mit ihm zu vereinigen.
- **20.6.1789** Die Abgeordneten der Nationalversammlung schwören im Ballhaus des Schlosses von Versailles, nicht eher auseinanderzugehen, bis Frankreich eine gerechte Verfassung habe.
- **9.7.1789** Die Nationalversammlung ernennt sich zur *verfassunggebenden Nationalversammlung*. Der König zieht um Versailles und Paris Truppen zusammen.
- **14.7.1789** Die Bevölkerung stürmt die Bastille, das Staatsgefängnis, um sich dort Munition zu verschaffen, und befreit dort sieben Gefangene.
- **26.8.1789** Erklärung der **Menschen- und Bürgerrechte** in der Nationalversammlung

BEISPIEL Die wichtigsten Beschlüsse der **Nationalversammlung** vom 4.8.1789 über die Aufhebung von Privilegien und feudalen Belastungen:

- Die Leibeigenschaft wird abgeschafft.

- Die Grundherren sind keine Richter mehr.
- Geldvorrechte und Steuerbefreiungen werden abgeschafft.
- Die Zehntabgabe kann gegen Bezahlung aufgehoben werden.
- Alle Bürger werden zu Ämtern in Staat und Heer zugelassen.

▶ MENSCHEN- UND BÜRGERRECHTE

Unter **Menschenrechten** versteht man die Rechte, die jedem Menschen allein aufgrund seiner Menschennatur, unabhängig von seiner Stellung in Staat und Gesellschaft, zustehen. Dazu gehören das Recht auf Leben und freie Wahl der Lebensform, auf Glaubens- und Meinungsfreiheit, auf Eigentum, persönliche Sicherheit, Gleichheit vor dem Gesetz und das Recht des Widerstands gegen staatliche Unterdrückung. Die **Bürgerrechte** gewähren das Recht auf politische Mitwirkung.

BEISPIEL **Frauen in der Revolution**

Nach einer Demonstration für Brot und gegen die Weigerung des Adels, Reformen zu unterstützen, zogen am 5. 10. 1789 ca. 6000 Frauen zum Schloss des Königs nach Versailles, um ihm ihre Forderungen persönlich vorzutragen. Diesem Marsch schloss sich eine große Menge an, die die königliche Familie zwang, am nächsten Tag nach Paris zu ziehen. Mit ihr wurde die Nationalversammlung nach Paris verlegt. Deren Aktivitäten standen fortan unter stärkerer Beobachtung der Bevölkerung.
Für Frauen sah die neue Verfassung von 1791 kein Wahlrecht vor. Die Schriftstellerin und Revolutionärin Olympe des **Gouges** veröffentlichte daraufhin ihre berühmte Streitschrift „Erklärung der Rechte der Frau und Bürgerin“. 1793 wurde sie auf der Guillotine hingerichtet, die Frauenklubs wurden aufgelöst und das Versammlungsrecht für Frauen aufgehoben.

▶ VERFASSUNG

Eine **Verfassung** beschreibt die Rahmenbedingungen des politischen Zusammenlebens in einem Staat. Sie legt die Verteilung der staatlichen Gewalt fest und regelt die Herrschaftsausübung.

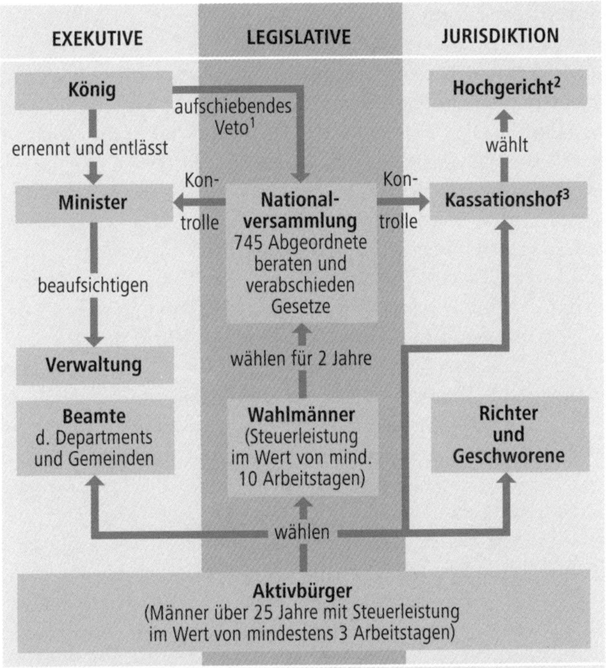

1 Das aufschiebende Veto des Königs konnte durch eine zweimalige Bestätigung des Gesetzes in der Nationalversammlung in zwei aufeinanderfolgenden Legislaturperioden aufgehoben werden.
2 für Anklage gegen Minister, hohe Beamte und Staatsverbrecher
3 Berufungsgericht

Die französische Verfassung von 1791

In der Verfassung wird zudem bestimmt, wer als Bürger zu gelten hat, wer wählen darf (**aktives Wahlrecht**) und wer in die politischen Ämter gewählt werden darf (**passives Wahlrecht**). Die erste demokratische Verfassung wurde 1787 in den USA verabschiedet.

Gewaltenteilung

BEISPIEL Die Verfassung von 1791

Im September 1791 verabschiedete die Nationalversammlung die erste geschriebene Verfassung. Frankreich wurde somit eine konstitutionelle Monarchie, d. h., die Rechte des Königs wurden durch Gesetze festgelegt und eingeschränkt. Der König besaß weiterhin die ausführende Gewalt (**Exekutive**), die Nationalversammlung hatte die gesetzgebende (**Legislative**) und die Obersten Gerichtshöfe besaßen die richterliche (Jurisdiktion oder **Judikative**). Das Prinzip der Aufteilung der Staatsgewalten nennt man Gewaltenteilung. Die französische Verfassung wurde Vorbild aller bürgerlichen Verfassungen im 19. Jahrhundert.

- **20.4.1792** Kriegserklärung Frankreichs an Österreich (↗ Koalitionskriege, S. 15): Die Revolutionäre hoffen auf eine Festigung ihrer Revolution, der französische König auf eine Wiederherstellung der Monarchie durch die ausländischen Mächte.
- **10.8.1792** Die Pariser Bevölkerung stürmt das königliche Stadtschloss (Tuilerien).
- **21.9.1792** Das neu gewählte Parlament, der Nationalkonvent, tritt zusammen. Die Monarchie wird abgeschafft. Frankreich wird Republik.

BEISPIEL Veränderung im Kriegswesen

1792 folgten Hunderttausende Franzosen dem Aufruf der Nationalversammlung und meldeten sich als Freiwillige zur Armee. Das Lied eines Marseiller Freiwilligenverbands wurde zur französischen Nationalhymne (Marseillaise). Im August 1793 wurde in Frankreich die **allgemeine Wehrpflicht** (levée en masse) eingeführt. Dies bedeutete eine Umwälzung im Kriegswesen, sodass die französische Armee ihren Gegnern zahlenmäßig überlegen wurde.

REPUBLIK

In einer **Republik** steht im Unterschied zur Monarchie die Staatsgewalt nicht einer einzelnen Person zu. In einer aristokratischen Republik (z. B. Römische Republik, Florenz um 1450) ist dies eine bevorzugte Minderheit, in der demokratischen Republik das Volk. Mit der Absetzung **Ludwigs XVI.**, der wegen Zusammenarbeit mit den ausländischen Feinden der Revolution unter Arrest gestellt wird, endet in Frankreich die Monarchie.

1.2 Radikalisierung der Revolution

Politische Gruppen in der Französischen Revolution sind:

Jakobiner

Die wichtigste politische Gruppierung der Französischen Revolution wurde nach dem Versammlungsort, dem Kloster Saint Jacques in Paris, benannt. Dieser im Mai 1789 gegründete Klub war zunächst politisch gemäßigt ausgerichtet, bildete später aber den radikalen Flügel der Revolution. Wichtige Person auf dem äußersten linken Flügel war der Herausgeber der Zeitschrift „Ami du Peuple", Jean Paul **Marat**. Er wurde 1793 ermordet. 1793/94 organisierten die Jakobiner die Diktatur des Wohlfahrtsausschusses (↗ S. 14), der unter der Führung Maximilien **Robespierres** stand. Interne Streitigkeiten trugen im Frühjahr 1794 zum Sturz Robespierres und zur Schließung des Klubs bei.

Girondisten

Im Nationalkonvent stand diese Gruppe der Abgeordneten in Opposition zu den Jakobinern, auch wenn sie zusammen den König gestürzt hatten. Der Name leitet sich von der Herkunft ihrer Führer aus der Landschaft Gironde bei Bordeaux ab. Sie vertraten das besitzende Bürgertum der Kaufleute und Unternehmer und bestanden auf dem Eigentumsrecht und der Wirtschaftsfreiheit.

Sansculotten
Im Gegensatz zu den Adligen trugen diese Revolutionäre keine Kniehosen (Culotte), sondern eine lange Hose. Sie sprachen sich mit „Bürger" an und duzten sich. In ihrer revolutionären Leidenschaft forderten sie die vollkommene Gleichheit.

- **17.1.1793** Mit knapper Mehrheit (387 zu 334 Stimmen) wird im Nationalkonvent das Todesurteil über den König gefällt und vier Tage später vollstreckt.
- **2.6.1793** Ausschluss der Girondisten aus dem Parlament. Die Jakobiner lassen ihre Gegner verhaften und später hinrichten.
- **Okt. 1793** Der Wohlfahrtsausschuss des Konvents erhält diktatorische Vollmachten.

Wohlfahrtsausschuss

Der **Wohlfahrtsausschuss** war die Revolutionsregierung und bildete somit das oberste Exekutivorgan des Nationalkonvents. Er bestand aus neun Mitgliedern des Konvents, die monatlich wechselten, geheim verhandelten und die Aufsicht über die Minister und die Armee hatten. Georges Jacques **Danton** war zeitweilig Präsident. Als Gegner der Terrorherrschaft wurde er auf Betreiben Robespierres hingerichtet.

- **10.6.1794** Der Konvent erlässt ein neues Gesetz gegen Gegner der Revolution. Die Phase des *Großen Schreckens* mit vielen Hinrichtungen beginnt.
- **27.7.1794** Sturz **Robespierres**: Der Führer der radikalen Jakobiner wird selbst ein Opfer des von ihm inszenierten Terrors. Unter dem Beifall der Menge werden er und seine Anhänger guillotiniert.
- **31.10.1795** Erstes Direktorium: Ein fünfköpfiges Gremium bildet die Regierung.
- **1795–1799** Direktoriumsherrschaft endet mit einem Staatsstreich durch **Napoleon** im November 1799.

Die Koalitionskriege

Die Kriege der verbündeten europäischen Monarchien gegen das revolutionäre Frankreich von 1792 bis 1809 werden als **Koalitionskriege** bezeichnet.

- **Erster Koalitionskrieg:** 1792–1797 Frankreich gegen Österreich und Preußen
- **Zweiter Koalitionskrieg:** 1799–1802 Frankreich gegen Österreich, Russland und England
- **Dritter Koalitionskrieg:** 1805 Frankreich gegen Österreich, Russland und England
- **Vierter Koalitionskrieg:** 1806/07 Frankreich gegen Preußen
- **Fünfter Koalitionskrieg:** 1809 Frankreich gegen Österreich

1

1.3 Aufstieg und Herrschaft Napoleons

- **1795** Napoleon zerschlägt einen monarchistischen Aufstand gegen das revolutionäre Direktorium.
- **1799** Napoleon stürzt das Direktorium und erklärt die Revolution für beendet.
- **1804** Napoleon krönt sich zum Kaiser.
- **1806** Gründung des Rheinbunds (↗ S. 16); Beginn der Kontinentalsperre
- **1812/13** Krieg Frankreichs gegen Russland
- **1813/14** Krieg Frankreichs gegen Russland, Preußen, Österreich, England und Schweden

Napoleon Bonaparte, 1769–1821

Napoleon schlug schon frühzeitig eine militärische Laufbahn ein. Während der Revolution kämpfte er zunächst häufig auf Korsika, seiner Heimat. Innerhalb der Armee machte er sehr schnell Karriere. Mit dem Heer und einem großem Stab von Technikern und Gelehrten landete er 1798 in Alexandria (Ägypten).

Nach der Niederlage der französischen Flotte gegen die Engländer kehrte er heimlich nach Frankreich zurück und stürzte das Direktorium. Als erster von drei Konsuln trat er an die Spitze der neuen Regierung. 1804 krönte er sich zum Kaiser Napoleon I. England wollte er durch eine Wirtschaftsblockade bezwingen. Um dies zu erreichen, besetzte die französische Armee Portugal, Spanien, Dalmatien, Holland sowie Nordwestdeutschland (**Kontinentalsperre**). 1806 erlitt das fast isolierte Preußen bei Jena und Auerstedt eine vernichtende Niederlage gegen das französische Heer. Der Feldzug gegen Russland (1811/12), um den Zaren zur Einhaltung der Kontinentalsperre zu zwingen, endete in einer militärischen Katastrophe. Bei seinem Rückzug erlitt Napoleon in der Völkerschlacht bei Leipzig (Okt. 1813) seine entscheidende Niederlage. Er wurde zur Abdankung gezwungen und nach Elba verbannt. Von dort kehrte er nochmals für 100 Tage als Herrscher nach Frankreich zurück. Nach der Niederlage bei Waterloo (1815) gegen die Engländer und Preußen wurde er auf die Insel St. Helena verbannt. Drei Millionen Soldaten, so wird geschätzt, kamen bei seinen Kriegszügen ums Leben.

Rheinbund

Mit der Gründung des **Rheinbunds** 1806 kam das Ende des seit dem Mittelalter bestehenden alten Reiches. Die 16 Rheinbundfürsten erkannten Napoleon als ihren Schutzherrn an und erklärten ihren Austritt aus dem *Heiligen Römischen Reich Deutscher Nation*. Kaiser Franz II. verzichtete daraufhin auf den Titel und die Rechte eines Kaisers des Heiligen Römischen Reiches Deutscher Nation. Mit dem Rheinbund beabsichtigte Napoleon die Stärkung der Mittelstaaten als *Drittes Deutschland* und den Aufbau einer Ausgangsbasis für seine Machtpolitik. Innenpolitisch führte die Gründung des Rheinbunds nach dem Vorbild Frankreichs zur Zurückdrängung feudaler Sonderrechte und zu Reformen (↗ Code Napoleon, S. 17).

1.4 Folgen in Deutschland

Code Napoleon

1804 ließ Napoleon ein neues Gesetzbuch erarbeiten, den *Code Civil*. Er schuf damit ein einheitliches Recht für alle Franzosen und sicherte ihnen Gleichheit vor dem Gesetz sowie Freiheit der Person und, mit Einschränkungen, freie Verfügung über ihr Eigentum zu. Die Rheinbundfürsten übernahmen die neue Rechtsordnung, den **Code Napoleon**. In Baden galt das Gesetzbuch bis zur Einführung des Bürgerlichen Gesetzbuches (BGB) 1900.

Neuordnung Deutschlands unter Napoleon

BEISPIEL Säkularisation und Mediatisierung

Im **Reichsdeputationshauptschluss** von 1803 wurde eine **Säkularisation**, d. h. die Übergabe der geistlichen Herrschaftsgebiete an weltliche Fürsten, vorgenommen. 112 Reichsbistümer und Reichsabteien verloren ihre Selbstständigkeit. Ebenso erging es den Reichsstädten sowie 350 Reichsritterschaften. Sie verloren ihre Reichsfreiheit und waren fortan nicht mehr dem Kaiser unterstellt (**Mediatisierung**). Der betroffene Regent verlor seine eigenständigen Herrschaftsrechte, die Bevölkerung wurde einem größeren Staat einverleibt. Die Regelung war unter Napoleons Mitwirkung zustande gekommen und sollte nach dem Frieden von Lunéville (1801) die süddeutschen Fürsten für ihre linksrheinischen Gebietsabtretungen entschädigen.

Land	Verluste (linksrheinisch)	Gewinne (rechtsrheinisch)
Baden	25	237
Bayern	730	880
Preußen	127	558
Württemberg	14	110

Wichtige Gebietsverluste und -gewinne im Reichsdeputationshauptschluss (Gebiete mit Einwohner in Tausend)

Den größten Gewinn bei dieser Neuordnung erzielte Preußen, das seine Macht in Norddeutschland verstärkte.

Preußische Reformen

Nach der militärischen Niederlage gegen Napoleon (1806) berief der preußische König neue, gebildete Beamte in die Ministerämter: Karl Freiherr vom und zum **Stein**, Karl August Fürst von **Hardenberg** und Wilhelm von **Humboldt**. Sie strebten eine grundlegende Erneuerung des Staates an (**Preußische Reformen**):

1807 wurden die Bauern aus der Erbuntertänigkeit entlassen, ab 1811 konnten die Bauern sich aus dem Frondienst freikaufen.

In den Städten wurde das Prinzip der kommunalen Selbstverwaltung eingeführt (1808).

Die Aufhebung des Zunftwesens und die Einführung der Gewerbefreiheit (1810/11) waren wichtige Voraussetzungen für die spätere Industrialisierung (↗ S. 32–34).

Das Schulwesen wurde neu geordnet und in die drei Stufen Volksschule, Gymnasium, Universität gegliedert.

▶ JUDENEMANZIPATION

Der Begriff der **Judenemanzipation** bezeichnet die allmähliche Aufhebung der rechtlichen Beschränkungen und der gesellschaftlichen Sonderstellung der Juden. In Frankreich erhielten die Juden 1791 durch die Verfassung die vollen Bürgerrechte. In Preußen wurden 1812 alle Ausnahmegesetze abgeschafft. Akademische Lehr- und Schulämter waren fortan den Juden freigegeben, die Staatsämter blieben ihnen aber weiterhin versperrt. Der Gleichstellungsprozess der Juden wurde von Rückschlägen unterbrochen. Der Ausschluss der Juden vom Richteramt wurde mit der Ablegung des christlichen Eids begründet. Das Bundesgesetz des Norddeutschen Bundes (↗ S. 29) 1869 bedeutet den Abschluss der Emanzipation. Die Bekleidung öffentlicher Ämter wurde vom religiösen Bekenntnis unabhängig gemacht.

Lerncheck

Kapitel „Französische Revolution und Herrschaft Napoleons"	O. K. ✔	Das muss ich noch mal lesen
Ich kann die drei Stände und deren ungleiche Rechte beschreiben.		S. 8
Ich kann die verschiedenen Phasen der Französischen Revolution aufzeigen.		S. 9–14
Ich kann die herausragenden Bedeutungen der Erklärung der Menschen- und Bürgerrechte sowie der Verfassung von 1791 erläutern.		S. 9–12
Ich kann die Rolle der Frau in der Französischen Revolution beschreiben.		S. 10
Ich kann die Auseinandersetzungen Frankreichs mit den europäischen Monarchien beschreiben.		S. 12–15
Ich kann Stufen des Aufstiegs Napoleons benennen.		S. 15, 16
Ich kann die Bedeutung der Gründung des Rheinbunds erläutern.		S. 16
Ich kann Folgen der napoleonischen Herrschaft für Deutschland benennen.		S. 17
Ich kann die wichtigsten preußischen Reformen benennen und erklären, warum es dazu kam.		S. 18

2 Verfassungskämpfe und Nationalstaatsgründungen

1810 | 1820 | 1830 | 1840

- 1815 Gründung des Deutschen Bundes
- 1819 Karlsbader Beschlüsse
- 1830 Unabhängigkeit Belgiens
- 1832 Hambacher Fest

2.1 Wiener Kongress

Nov. 1814 – Juni 1815 Auf dem **Wiener Kongress** verständigen sich die führenden europäischen Staatsmänner über eine territoriale und politische Neuordnung Europas.

Der Deutsche Bund

Als ein Ergebnis der Verhandlungen in Wien wurde ein locker gefügter Staatenbund, der **Deutsche Bund**, gegründet. Er setzte sich aus 35 Fürstenstaaten und vier freien Reichsstädten zusammen. Neben den deutschen Fürsten gehörten ihm auch ausländische Herrscher, z. B. der König von Großbritannien als König von Hannover, an. In einer Bundesversammlung trafen sich die Gesandten der Mitgliedsstaaten. Sie tagte als ständiger Kongress in Frankfurt am Main. Bis 1848 wurde es zur Regel, dass sich Österreich und Preußen in allen wichtigen Schritten absprachen. Innenpolitisch wurde der Bund von diesen Mächten dazu genutzt, liberale, demokratische und nationale Ideen zu bekämpfen (↗ Karlsbader Beschlüsse, S. 21).

1850 | 1860 | 1870 | 1880

848/49
evolutionen
Europa

1866
Norddeutscher Bund

1871
Gründung des Deutschen
Kaiserreiches

2.2 Zwischen Restauration und Revolution

▶ RESTAURATION

Der Begriff **Restauration** bezeichnet die Wiederherstellung der politischen oder sozialen Zustände einer früheren Epoche nach revolutionären Ereignissen. Zwischen 1815 und 1848 werden unter Führung des österreichischen Kanzlers **Metternich** in fast ganz Europa die Folgen der Französischen Revolution bekämpft, um die alte Ordnung wiederherzustellen.

- **1817** **Wartburgfest:** 500 Studenten feiern auf der Wartburg das Andenken der Reformation und der Völkerschlacht bei Leipzig. Forderungen nach der deutschen Einheit werden laut.
- **März 1819** Der Gegner der Nationalbewegung, August von Kotzebue, wird ermordet.
- **Sept. 1819** **Karlsbader Beschlüsse:** Alle Mitgliedsstaaten des Deutschen Bundes verpflichten sich, gegen *Demagogen* und *Revolutionäre* vorzugehen. In der Folge werden studentische Zusammenschlüsse (Burschenschaften) verboten. Die Polizei überwacht die Universitäten, die Presse wird zensiert, unliebsame Professoren verlieren ihr Amt.

BEISPIEL Liberale und nationale Bewegungen – Entwicklung des Vereinswesens
Um die Karlsbader Beschlüsse zu umgehen, traf man sich in politisch unverdächtigen Vereinen. Vor allem Turn- und Gesangvereine entwickelten sich bis zur Revolution 1848 zu Massenorganisationen. Durch Treffen und Zeitungen verbreiteten sich in ihren Reihen nationale und liberale Ideen (↗ Liberalismus, S. 27). In den 40er-Jahren überwogen in den Turnvereinen die Handwerksgesellen, bei den Gesangvereinen deren Meister.

Juli 1830 Eine Revolution in Paris zwingt Karl X. zum Rücktritt. Nachfolger wird **Louis Philippe von Orléans**, den man den Bürgerkönig nennt, weil unter ihm das Großbürgertum in Führungspositionen von Verwaltung und Militär gelangt. Auch in Deutschland hofft man auf mehr Rechte und Freiheiten.

1830/31 In den Fürstentümern Sachsen, Hannover, Braunschweig und Hessen-Kassel werden Verfassungen (↗ S. 10–11) verkündet.

1832 **Hambacher Fest**: Bei einem Treffen von Anhängern der demokratischen und liberalen Bewegung im pfälzischen Hambach erheben Redner die Forderung nach der nationalen Einheit Deutschlands.

1833 Rund 50 Aufständische versuchen durch einen Überfall auf Hauptwache und Konstablerwache in Frankfurt eine allgemeine Revolution in Deutschland auszulösen.

1834 Auf einer Konferenz in Wien setzt der österreichische Kanzler Metternich eine Verschärfung der Pressezensur im Deutschen Bund durch.

1837 Sieben Göttinger Professoren (**Göttinger Sieben**), darunter die **Brüder Grimm**, der Literaturwissenschaftler Gervinus und der Historiker Dahlmann, protestieren dagegen, dass die vom König von Hannover 1830 gewährte Verfassung wieder aufgehoben wird. Sie werden entlassen und zum Teil des Landes verwiesen.

▶ DEUTSCHLANDLIED

August Heinrich Hoffmann von Fallersleben schrieb das **Deutschlandlied** 1841. Er war Professor in Breslau, wurde aber 1842 wegen der politischen Inhalte seiner Gedichte und Lieder entlassen. 1848 wurde er rehabilitiert, bekam jedoch keine neue Professur. In seinem Gedicht machte von Fallersleben seiner Empörung Luft, dass in Deutschland etwa drei Dutzend souveräne Staaten existierten, in denen überdies von „Recht und Freiheit“ nicht oft die Rede sein konnte. Die drei Strophen wurden nach der Melodie der Kaiserhymne von Joseph Haydn gesungen. 1922 wählte der sozialdemokratische Reichspräsident Friedrich Ebert das Gedicht Fallerslebens als Textgrundlage für die Nationalhymne der Weimarer Republik. Während des Nationalsozialismus wurde das Lied gemeinsam mit dem Horst-Wessel-Lied als Hymne gesungen. Da die erste Strophe („Deutschland, Deutschland über alles“) missverständlich gedeutet werden kann, ist seit 1952 nur noch die 3. Strophe („Einigkeit und Recht und Freiheit“) die deutsche Nationalhymne. 1991 wird das Lied zur Hymne des vereinten Deutschland erklärt.

2.3 Revolutionsjahre 1848/49

BEISPIEL **Revolutionen in Europa**

In zahlreichen Ländern Europas herrscht 1848/49 eine revolutionäre Aufbruchsstimmung.

Paris

Im Februar 1848 kommt es erneut zur Revolution in Frankreich. Der König wird vom Thron gejagt. Eine provisorische Regierung wird eingesetzt. Sie ruft die Republik aus und verkündet ein allgemeines Wahlrecht. Diese Februarrevolution in Frankreich weckt in Deutschland größte Hoffnungen auf die Errichtung eines einheitlichen und parlamentarischen deutschen Nationalstaats.

Wien

Bei einer Demonstration von Studenten und Arbeitern am 13.3.1848 in Wien eröffnet das Militär auf die unbewaffnete Menge das Feuer. Die Aufständischen fordern Volksbewaffnung und die Entlassung Metternichs. Aus Furcht, die Soldaten könnten auf die Seite des Volkes übergehen, opfert der Hof den verhassten Kanzler Metternich und verspricht eine Verfassung.

- **15.5.1848** Die revolutionäre Bewegung zwingt die kaiserliche Familie zur Flucht nach Innsbruck.
- **31.10.1848** Fürst Windischgrätz erstürmt das revolutionäre Wien.

Berlin

Die Nachricht vom Sturz Metternichs führt am 18. März zu einer Massenkundgebung vor dem Berliner Schloss, wo ähnliche Forderungen wie bei der Wiener Demonstration erhoben werden. Als das Militär den Platz räumt, kommt es zu einem Straßenkampf, der dreizehn Stunden dauert und bei dem etwa zweihundert Bürger, meist Handwerker, Arbeiter und Studenten, niedergemetzelt werden. Der König ist gezwungen, zeitweise die Truppen aus der Stadt abzuziehen. Unter dem Druck des Volkes muss der König beim Leichenzug den **Märzgefallenen** huldigen und sich vor den Toten verneigen.

- **12.11.1848** General von Wrangel verhängt den Belagerungszustand über Berlin. Politische Vereine und Klubs werden geschlossen, die Versammlungs- und Pressefreiheit eingeschränkt und alle Zivilpersonen entwaffnet.

Vorparlament/Nationalversammlung in der Frankfurter Paulskirche

Vom 31.3.–3.4.1848 tagt ein **Vorparlament** in der Frankfurter Paulskirche mit 574 Teilnehmern. Die Vertreter sind nicht gewählt, sondern Abgesandte, die einem Aufruf folgten, der am

5. März von insgesamt 51 Persönlichkeiten des öffentlichen Lebens in Heidelberg unterzeichnet wurde. Darin war eine Versammlung von gewählten Vertretern aller deutschen Länder gefordert worden.
Am 18. 5. 1848 treten erstmalig die Abgeordneten zur Nationalversammlung zusammen. Sie sind nach allgemeinem und gleichem (Männer-)Wahlrecht gewählt, unter Ausschluss derjenigen, die von der Armenfürsorge leben oder keinen eigenen Hausstand besitzen. Die Versammlung der **Paulskirche** wird von den Gebildeten dominiert; mehr als drei Viertel der Volksvertreter haben eine Universität besucht. Über die Hälfte der Abgeordneten, mehrheitlich mit juristischer Ausbildung, erhält ihr Gehalt von Staat und Gemeinden. Das gehobene Wirtschaftsbürgertum ist mit etwa 7 % vertreten, etwas stärker als die Großgrundbesitzer und die Geistlichen. Nur drei der Abgeordneten sind Bauern, nur einer ist Handwerker. Das Ziel ihrer Arbeit ist die Beratung und Verabschiedung einer Verfassung für Gesamtdeutschland.

BEISPIEL **Grundrechte**
Die Grundrechte des deutschen Volkes wurden als Bestandteil in die Reichsverfassung aufgenommen. Damit waren erstmalig in der deutschen Geschichte die Freiheitsrechte des einzelnen Bürgers formuliert und in der Verfassung verankert worden, wie sie bereits in der amerikanischen Unabhängigkeitserklärung 1776 und der Menschenrechtserklärung der Französischen Revolution 1789 ausgesprochen worden waren. (↗ Menschen- und Bürgerrechte, S.10)

28. 3. 1849 Die Nationalversammlung in der Paulskirche beschließt eine Reichsverfassung für einen deutschen Nationalstaat ohne Österreich (↗ kleindeutsche bzw. großdeutsche Lösung, S. 29–30).
Der König von Preußen soll *Erbkaiser* werden.

- **28.4.1849** König **Friedrich Wilhelm IV.** von Preußen lehnt die deutsche Kaiserkrone sowie die Anerkennung der Reichsverfassung mit der Begründung ab, die Verfassung sei ein Mittel, um die oberste Gewalt zu beseitigen und die Republik einzuführen. In den folgenden Wochen berufen die wichtigsten Mächte (Österreich, Bayern, Preußen) ihre Abgeordneten ab. Das **Rumpfparlament** tagt in Stuttgart weiter.
- **Mai 1849** Erhebungen für die Reichsverfassung werden im Rheinland, in Baden, in Sachsen und in der Pfalz von preußischen Truppen niedergeworfen. Die Fürsten schränken das Wahlrecht (↗ Dreiklassenwahlrecht, S. 51) und andere Grundrechte ein.
- **18.6.1849** Das Stuttgarter Rumpfparlament wird von württembergischen Truppen aufgelöst.
- **Juli 1849** Die Festung Rastatt fällt, die Revolution ist zu Ende.

2.4 Liberale und nationale Bewegungen

BEISPIEL **Nationalstaatsgründungen**
Der Gedanke eines **Nationalstaates** gewann im 19. Jahrhundert in ganz Europa an großer Bedeutung und führte zu Staatsgründungen, die meist gewaltsam gegen die alte Ordnung durchgesetzt werden mussten.

Griechenland
1821 beginnt der griechische Freiheitskampf gegen die Türkenherrschaft. Im Januar 1822 proklamiert der Nationalkongress von Epidaurus die Unabhängigkeit Griechenlands. Aus allen europäischen Ländern melden sich Freiwillige für den griechischen Freiheitskampf. Nach der Unterstützung der europäischen Großmächte für die Griechen erkennt die Türkei 1829 deren Unabhängigkeit an. 1830 wird Griechenland ein selbstständiges Königreich.

Belgien

Die Belgier erklären im November 1830 die Unabhängigkeit ihres Landes vom Vereinigten Königreich der Niederlande. Die europäischen Großmächte garantieren dem neuen Staat im Londoner Protokoll (1831) die Selbstständigkeit.

Italien

Im Revolutionsjahr 1848 versucht König Albert I. von Sardinien-Piemont den Österreichern die Lombardei und Venetien zu entreißen und Italien zu einigen. Dieser Versuch scheitert. Im Einigungskrieg 1859 kommt die Lombardei zu Sardinien. Volksaufstände führen zum Anschluss Mittelitaliens und im Süden des Landes wird unter Führung des Freiheitshelden **Garibaldi** das französische Herrscherhaus vertrieben. 1870 besetzen italienische Truppen Rom und machen es zur neuen Hauptstadt.

Polen

Wenig glücklich verläuft der Versuch der Polen, ihre staatliche Einheit und Unabhängigkeit zu erlangen. 1830 wird ein Aufstand von russischen und preußischen Armeen niedergeschlagen. Der Aufstand 1863 endet in einer Katastrophe. Es folgen die Unterdrückung der Unruhen und die Hinrichtung der nationalen Führer.

▶ LIBERALISMUS

Der **Liberalismus** ist eine politische Strömung, die seit der Französischen Revolution an Bedeutung gewann. Die Ideen des Liberalismus wurzeln in der Aufklärung. Zu den Forderungen des Liberalismus gehören: Recht auf Privateigentum, Durchsetzung der Grundrechte, Pressefreiheit, Selbstverwaltung, Gewaltenteilung, freie Berufswahl sowie Handels- und Gewerbefreiheit. Der Liberalismus wurde vom Bürgertum getragen. Von der Jahrhundertmitte bis in die 80er-Jahre des 19. Jahrhunderts spricht man von der Blüte des Liberalismus. Während dieser Zeit konnten liberale Parteien in den Parlamenten viele ihrer politischen Prinzipien zur Geltung bringen.

John Locke (1632–1704)
Der englische Aufklärer entwickelte die theoretische Grundlage für den modernen liberal-demokratischen Staat. Der Staatsgewalt wollte er keine unbegrenzte und unbeschränkte Macht mehr zugestehen. Vielmehr sollte sie nur noch so lange im Amt bleiben, wie sie fähig war „Leben, Freiheit und Eigentum" der Bürger, in denen er natürliche Grundrechte des Volkes sah, zu schützen. Ausgangspunkt des Staates ist bei Locke nicht mehr der Monarch, sondern das Volk (Volkssouveränität).

Charles de Montesquieu (1689–1775)
Er ergänzte Lockes Staatslehre um einen wichtigen Aspekt. Er wies auf die Bedeutung der richterlichen Unabhängigkeit hin. Damit formulierte Montesquieu das klassische Modell der Gewaltenteilung (↗ S. 12) und hatte großen Einfluss auf die Herausbildung des modernen Verfassungsstaates.

Adam Smith (1723–1790)
Der Schotte warb für Arbeitsteilung, Freihandel und ungehinderte Entfaltung der Wirtschaftskräfte als die besten Mittel zur Steigerung des Wohlstandes der Völker. Obwohl Smith dabei vor allem an Kleinproduzenten und handwerkliche Betriebe dachte, lieferte er damit die theoretische Begründung für den Kapitalismus (↗ S. 28) und den sogenannten Laisser-faire-Liberalismus, der allein auf das freie Spiel der Kräfte setzt.

2.5 Reichsgründung 1866/71

- **1864** Preußisch-Österreichischer Krieg gegen Dänemark, das Schleswig und Holstein abtreten muss und aus dem Deutschen Bund ausscheidet.
- **1866** Krieg Preußens gegen Österreich, Hannover, Sachsen und die deutschen Südstaaten. Die Österreicher erleiden bei Königgrätz (Nordböhmen) eine vernichtende Niederlage.

Der Norddeutsche Bund

Unter Führung Preußens mit den Bundesgenossen von 1866, Sachsen und den nördlichen Teilen des Großherzogtums Hessen wird 1866 der **Norddeutsche Bund** gegründet. Er erhält 1867 eine Verfassung, die 1871 weitgehend als Verfassung des Deutschen Reiches übernommen wird. Sie schreibt die Vormachtstellung Preußens fest. Der Norddeutsche Bund stellt im Prozess der deutschen Einigung eine Zwischenstufe dar.

- **1870/71** Im Deutsch-Französischen Krieg kämpfen die süddeutschen Staaten nunmehr auf der Seite Preußens. Nach der Niederlage muss Frankreich Elsass und Lothringen an das Deutsche Reich abtreten.
- **18. 1. 1871** König **Wilhelm I.** von Preußen wird im Spiegelsaal des Schlosses von Versailles zum Deutschen Kaiser ausgerufen.

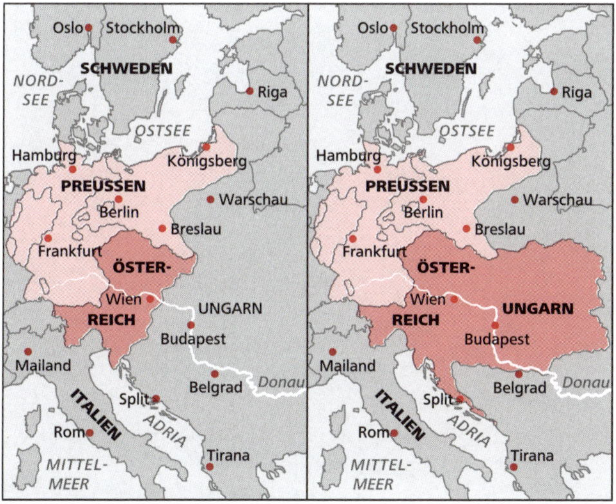

Kleindeutsche und großdeutsche Lösung

▶ KLEINDEUTSCHE/GROSSDEUTSCHE LÖSUNG

Das Deutsche Kaiserreich 1871 war ein **kleindeutscher** Nationalstaat unter Führung Preußens. Die **großdeutsche** Lösung wäre ein deutscher Staat unter Einschluss Österreichs gewesen. Die Vorentscheidung über die Frage eines deutschen Nationalstaats fiel 1866 im Österreichisch-Preußischen Krieg. Durch seine Niederlage wurde Österreich aus Deutschland herausgedrängt und der Deutsche Bund aufgelöst.

Lerncheck

Kapitel „Verfassungskämpfe und Nationalstaatsgründungen“	O.K. ✔	Das muss ich noch mal lesen
Ich kann den Deutschen Bund in seiner Struktur und seinen Zielen erläutern.		S. 20
Ich kann die Julirevolution 1830 in Europa und das Hambacher Fest als wichtige Stationen der liberalen und nationalen Bewegung einordnen.		S. 22
Ich kann Beispiele für die Politik Metternichs benennen und das Aufbegehren gegen das System Metternich aufzeigen.		S. 24
Ich kann grundlegende Forderungen in der Revolution von 1848 benennen.		S. 23–25
Ich kann die Bedeutung der Paulskirchenverfassung erläutern.		S. 25
Ich kann Gründe für das Scheitern der Revolution von 1848 aufzeigen.		S. 26
Ich kann Beispiele für Nationalstaatsgründungen in Europa im 19. Jahrhundert aufzählen.		S. 26, 27
Ich kann Grundideen des Liberalismus beschreiben und wichtige Vertreter dieser Ideen benennen.		S. 27, 28
Ich kann wichtige Stationen der außenpolitischen Entwicklung Deutschlands nach 1848/49 bis zur Reichsgründung 1871 beschreiben und die Begriffe „kleindeutsche“ bzw. „großdeutsche“ Lösung erklären.		S. 29, 30

3 Industrialisierung und soziale Frage

1830		1840		1850		1860	
	1835 Erste Eisenbahn in Deutschland in Betrieb		1848 Kommunistisches Manifest			1863 Gründung de Allgemeinen Deutschen Arbeitervereins	

3.1 Anfänge der Industrialisierung

- **1709** Abraham **Darby** erzeugt erstmals hochwertiges Roheisen mit dem Einsatz von Steinkohle im Hochofen.
- **1764** James **Hargreaves** erfindet eine einfach funktionierende Spinnmaschine *(spinning-jenny)*.
- **1785** Die erste deutsche Dampfmaschine wird im Mansfelder Bergrevier am Rand des Harzes in Betrieb genommen.
- **1807** Das erste Dampfschiff wird in New York gebaut.

▶ INDUSTRIALISIERUNG

Als **Industrialisierung** oder auch **industrielle Revolution** bezeichnet man die historische Entwicklung, in der die industrielle Produktion zunehmend die landwirtschaftliche und handwerkliche verdrängte. Der Industrialisierungsprozess begann am Ende des 18. Jh.s in England und griff Anfang des 19. Jh.s auf Deutschland über. Kennzeichen sind:

- Eine zunehmende **Arbeitsteilung und Spezialisierung:** Der Arbeitsprozess wird in zahlreiche Schritte unterteilt und von verschiedenen Menschen übernommen.
- **Massenproduktion:** Es wird in hoher Stückzahl für einen unpersönlichen Markt produziert.

1880 | 1890 | 1900

1883–1889
Sozialgesetze
in Deutschland

1892
Erster deutscher
Gewerkschaftskongress

- **Rationalisierung:** Maschinen verdrängen Menschen von einem Arbeitsplatz. Das Aufkommen der industriellen Produktion schafft zugleich Arbeitsplätze in anderen Bereichen.
- **Anwendung neuer Energiequellen:** Kohle wird zur universellen Energiequelle; durch die Elektroindustrie wird es möglich, Energie überallhin zu transportieren.
- Es entstehen kapitalintensive **neue Unternehmensformen** (zahlreiche Firmengründungen und Aktiengesellschaften).

Die Industrialisierung bedeutete eine massive Veränderung der Gesellschaft und rief soziale Krisen (↗ soziale Frage, S. 35) hervor. Das Ausmaß der Umwälzung ist mit dem Sesshaftwerden des Menschen am Ende der Steinzeit vergleichbar.

BEISPIEL **Wichtige Erfindungen**

Dampfmaschine

1712 entwickelt Thomas **Newcomen** eine funktionstüchtige Dampfpumpe. Die erste Newcomen-Dampfmaschine wird sieben Jahre später im belgischen Steinkohlebergbau eingesetzt. 1769 erhält James **Watt** ein Patent auf eine Dampfmaschine mit Drehbewegung. Über Riemen können durch die Drehbewegung der Dampfmaschine zahlreiche andere Maschinen angetrieben werden. Die Dampfmaschine erzeugt eine höhere Arbeitsleistung als Wasser- oder Windmühlen, es können mehr Waren hergestellt werden. Zudem lässt sich die Maschine an jedem Ort aufstellen.

Eisenbahn
1815 konstruiert George **Stephenson** eine voll funktionsfähige Lokomotive. 1835 fährt die erste deutsche Eisenbahn von Nürnberg nach Fürth. Bis 1848 sind in Deutschland 5000 km Schienen verlegt. Waren und Rohstoffe können nun schneller und billiger transportiert werden.

Licht
1867 erfindet Werner von **Siemens** den Dynamo und schafft damit eine ganz neue Industrie: die Elektroindustrie. 1878 entwickelt Thomas **Edison** die Glühlampe. Gaslampen werden durch elektrische Lampen ersetzt.

▶ KAPITALISMUS

Das Wirtschaftssystem im Zeitalter der Industrialisierung wird als **Kapitalismus** bezeichnet. Die Beziehungen der Menschen, Organisationen und Institutionen werden wesentlich von den Interessen derjenigen bestimmt, die über das Kapital verfügen: Dies umfasst dabei sowohl das frei verfügbare Vermögen als auch das in Grundstücken, Gebäuden, Maschinen, Werkzeugen und anderen Betriebsmitteln investierte Kapital.

- **1834** 18 Bundesstaaten schließen sich zum **Deutschen Zollverein** zusammen und schaffen ein einheitliches Zollgebiet.
- **1848** Die erste deutsche Aktienbank wird in Schaffhausen gegründet.
- **1852–1875** Die Anzahl der Maschinenfabriken in Preußen steigt von 180 auf 1 196.

Faktoren, die die Industrialisierung in Deutschland nachhaltig begünstigten:

- Rapide Zunahme der Bevölkerung ab den 80er-Jahren des 18. Jhs. (**Bevölkerungsexplosion**) → steigende Nachfrage nach landwirtschaftlichen und gewerblichen Produkten
- **Preußische Reformen** → Abschaffung der Gewerbebeschränkungen
- Deutscher Zollverein 1834 → Erweiterung des Wirtschaftsgebiets und **Abbau der Zollschranken**
- **Liberalisierung** der Wirtschaftspolitik → Beseitigung staatlicher Hemmnisse
- Veränderungen in den Produktionstechniken → Erhöhung der **Produktivität**

3.2 Lage der Arbeiter

1816–1864 In Deutschland nimmt die Bevölkerung, wie überall in Europa, um mehr als 15 Mio. (= Zuwachs um fast 2/3) zu. Zu den Ursachen gehören u. a. neue Erkenntnisse in der Medizin, Verbesserungen in der landwirtschaftlichen Bearbeitung, Aufhebungen von Heiratsbeschränkungen.

1845–1847 Infolge von Missernten kommt es zu Hungersnöten, die örtlich zu sozialen Unruhen führen.

1853 Das preußische Fabrikgesetz verbietet Arbeit für Kinder unter 12 Jahren.

1820–1913 Fast 6 Mio. Menschen verlassen Deutschland in Richtung Nordamerika (**Migration**).

▶ „SOZIALE FRAGE“

Durch die Industrialisierung ergaben sich zahlreiche Veränderungen in der jahrhundertealten Lebensweise der Bevölkerung. Die vielfältigen Probleme (Wohnungssituation, Ernährungslage, Arbeitsbedingungen, Frauen- und Kinderarbeit, Massenelend) und ihre konkreten Lösungen werden unter dem Begriff **soziale Frage** zusammengefasst.

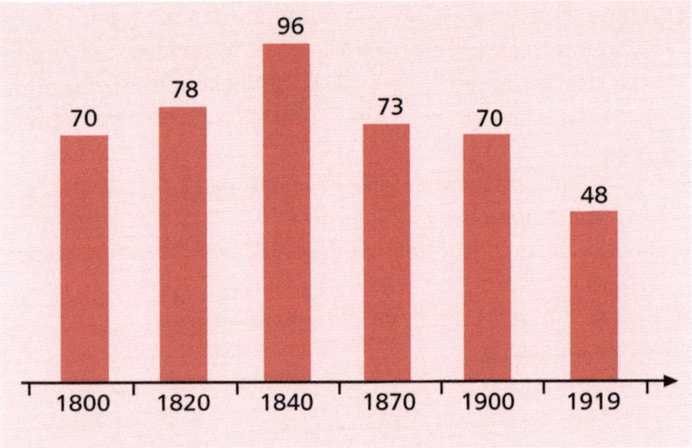

Durchschnittliche Wochenarbeitszeit von Arbeitern in Deutschland

Jahr	Landwirtschaft	Industrie u. Gewerbe	Dienstleistungen
1800	61,8	21,3	16,9
1907	34,0	40,0	26,0
1995	3,0	37,0	60,0

Anteile der Beschäftigten in Deutschland (in %)

BEISPIEL **Kinderarbeit**

Kinder mussten häufig zur Sicherung der Existenz der Familien beitragen. Sie verrichteten in den Fabriken gegen Hungerlöhne Handlangerdienste, arbeiteten an Maschinen oder unter unmenschlichen Bedingungen in Bergwerken. Die Stollen waren oft sehr niedrig, und sie konnten darin nur kriechend arbeiten. Erst als sich die Meldungen über Unglücksfälle und körperliche Schädigungen häuften, griff der Staat ein. Ab 1839 durften in Preußen Kinder unter 10 Jahren nicht mehr in einer Fabrik arbeiten. Erst 1891 wurde die Altersgrenze auf das 14. Lebensjahr angehoben. Heute sind weltweit 200 Mio. Kinder von **Kinderarbeit** betroffen, fast dreimal so viele wie 1891.

BEISPIEL **Arbeiterprotest: Weberaufstand in Schlesien**
Die Lage der schlesischen Weber hatte sich seit etlichen Jahren stetig verschlechtert. Die Produktion von Leinwand und Baumwolltuch war nach dem Verlagssystem organisiert. Die Unternehmer lieferten den Webern die Garne und waren wiederum die alleinigen Abnehmer des Tuches. Dies machte die Weber von den Fabrikanten vollkommen abhängig. 1844 betrugen die Wochenlöhne der schlesischen Weber durchschnittlich zwanzig Silbergroschen. Dies entspricht einem Viertel des Wochenlohns vor 1830. Um das bloße Existenzminimum zu erwirtschaften, mussten die Weber bis zu sechzehn Stunden pro Tag arbeiten, ihre Frauen und Kinder eingeschlossen. Im Juni 1844 setzten sie sich gegen diese Notlage zur Wehr. Ihr Aufstand wurde vom preußischen Militär niedergeschlagen.

3.3 Anfänge der Arbeiterbewegung

- **1847** In London entsteht der **Bund der Kommunisten.**
- **Feb. 1848** Karl **Marx** und Friedrich **Engels** veröffentlichen das *Kommunistische Manifest.* Es enthält die Aufforderung „Proletarier aller Länder, vereinigt euch!“

▶ SOZIALISMUS

Die Lehre des **Sozialismus** verbreitete sich seit Beginn des 19. Jahrhunderts mit der Durchsetzung der industriellen Produktionsweise und der immer dringlicher werdenden Lösung der sozialen Frage. Der Sozialismus klagt die bestehende Ordnung an, die Armut, Unrecht, Abhängigkeit und Unterdrückung zulässt. Im Sozialismus sollen Gewinne nicht den privaten Unternehmern und Kapitalbesitzern zufließen, sondern der ganzen Gesellschaft. Der Arbeiterklasse wurde im Kampf um die Verwirklichung des Sozialismus in der von Marx entwickelten Lehre die führende Rolle zugewiesen. Am Ende sollte eines Tages die klassenlose Gesellschaft, der **Kommunismus**, erreicht werden.

Karl Marx, 1818–1883

Marx wurde in Trier geboren und studierte zunächst in Bonn Jura. Nach einem Zwischenspiel als Redakteur einer linksliberalen Zeitung gelangte er nach Paris. Als Mitarbeiter einer Emigrantenzeitung freundete er sich mit Friedrich Engels an und lernte fast alle führenden Revolutionäre seiner Zeit kennen. 1845 wurde er aus Frankreich ausgewiesen und zog nach Brüssel. Zusammen mit Engels wurde er 1847 vom *Bund der Kommunisten* beauftragt, eine Programmschrift zu verfassen. Im folgenden Jahr erschien das „Kommunistische Manifest". Nach dem Ausbruch der Revolution von 1848 reiste er nach Deutschland, gab in Köln eine Zeitung heraus und unterstützte die Linke bei ihrem Kampf um ein demokratisches Deutschland.

Im Mai 1849 wurde er aus Preußen ausgewiesen, es folgte Aufenthaltsverbot in Paris. Danach siedelte er nach London über, das bis zu seinem Tod sein Wohnsitz werden sollte. 1867 erschien der erste Band seines systematischen Hauptwerkes, „Das Kapital". In seinen politischen Aktivitäten blieb Marx der Erfolg versagt, als Theoretiker nahm er jedoch nachhaltigen Einfluss auf die Arbeiterbewegung in der ganzen Welt.

- **Aug./Sept. 1848** Auf dem Allgemeinen Deutschen Arbeiter-Kongress in Berlin wird die Arbeiterverbrüderung gegründet.
- **1854** Ein Beschluss des Bundestages verpflichtet die Regierungen des Deutschen Bundes, die noch bestehenden Arbeitervereine und Verbrüderungen, die sozialistische, kommunistische, überhaupt politische Ziele verfolgen, aufzulösen.
- **1863** Gründung des **Allgemeinen Deutschen Arbeitervereins (ADAV)** in Leipzig (↗ Aufstieg der Sozialdemokratie, S. 46–47).
- **1864** Gründung der Internationalen Arbeiter-Assoziation (**Erste Internationale**) während einer Arbeiterversammlung in London

3.4 Gewerkschaften, Kirchen und Unternehmer zur sozialen Frage

- **1859** Gründung des liberalen Deutschen Nationalvereins in Frankfurt am Main, auf dessen Initiative bald zahlreiche Arbeiterbildungsvereine folgen.
- **1865** Gründung des Allgemeinen Deutschen Zigarrenarbeitervereins
- **1866** Gründung des Deutschen Buchdruckerverbandes

BEISPIEL **Streikrecht**

Streiks waren in den Vierziger- und Fünfzigerjahren in allen deutschen Staaten verboten und wurden mit Gefängnisstrafe geahndet. Mitte der 60er-Jahre begann eine Streikwelle, die zwischen 1869 und 1873 ihren Höhepunkt erreichte. 1869 mussten im Norddeutschen Bund die staatlichen Behörden offiziell das Streikverbot aufheben und Gewerkschaften zulassen. 1873 gelang es den Buchdruckern, den ersten Tarifvertrag u. a. über die Einführung des Zehnstundentags abzuschließen.

- **1878** Verbot der Gewerkschaftsorganisationen (↗ Sozialistengesetz, S. 43)
- **1889** Großer Bergarbeiterstreik mit mehr als 80 000 Streikenden im Ruhrgebiet, im Saarland und in Schlesien
- **1890** Sozialistische Gewerkschaften schließen sich zusammen.
- **1892** Erster deutscher Gewerkschaftskongress
- **1894** Gründung des Gewerkvereins christlicher Bergarbeiter, der ersten christlichen Gewerkschaft in Deutschland

Die Kirchen und die soziale Frage

BEISPIEL **Adolf Kolping**

Erst recht spät reagierten die beiden großen christlichen Kirchen auf das Elend der Arbeiter. 1884 empfahl Papst Leo XIII. die Gründung katholischer Arbeitervereine. 1891 ging er in einem Rundschreiben (Enzyklika) auf die soziale Frage ein.

Zu den wenigen Personen aus kirchlichen Kreisen, die frühzeitig das Elend der Arbeiter sahen, gehörte Adolf **Kolping**. Zunächst Schuhmacher, wurde er später Priester und gründete 1846 den *Katholischen Gesellenverein*. Er kämpfte dafür, dass in Städten für alleinstehende Arbeiter eigene Aufenthalts- und Wohnheime eingerichtet wurden. Bis 1865 entstanden in ganz Deutschland 420 Vereine mit rund 60 000 Mitgliedern.

Unternehmer und die soziale Frage

BEISPIEL Alfred Krupp

Alfred **Krupp** war Stahlfabrikant und verdiente viel Geld in der Rüstungsindustrie. Er ließ Arbeiterwohnheime in Fabriknähe bauen, Pensions- und Betriebskrankenkassen einrichten und zahlte vergleichsweise höhere Löhne. Er ließ aber nie einen Zweifel, dass er Herr im Hause sei. Von seinen Arbeitern erwartete er, dass sie sich nicht an Unruhen beteiligten, sondern für Ruhe und Ordnung sorgten. 1874 gab er die Anweisung, unter seinen Beschäftigten die Sozialdemokraten „auszurotten“, und 1876 verfügte er, bei Entlassungen zuerst die Sozialdemokraten „aus(zu)jäten“. Insgesamt zahlten die meisten Fabrikanten freiwillig nicht mehr Lohn und boten keine besseren Arbeitsbedingungen, als es Marktlage und Gesetze erforderten.

Lerncheck

Kapitel „Industrialisierung und soziale Frage“	O. K. ✓	Das muss ich noch mal lesen
Ich kann die wichtigsten wirtschaftlichen Veränderungen durch die Industrialisierung zusammenfassen.		S. 32–34
Ich kann die wichtigsten technischen Neuerungen der Industrialisierung nennen.		S. 32–34
Ich kann Faktoren benennen, die die Industrialisierung in Deutschland begünstigten.		S. 35
Ich kann die soziale Lage der Arbeiter und deren Familien im Zeitalter der Industrialisierung beschreiben.		S. 35–37
Ich kann den Begriff „soziale Frage“ erläutern.		S. 35
Ich kann Beispiele für Protestformen auf die soziale Ungerechtigkeit nennen.		S. 37
Ich kann die Anfänge der Arbeiterbewegung beschreiben.		S. 37–39
Ich kann die Bedeutung des Streikrechts und die Entwicklung von Gewerkschaften erläutern.		S. 39
Ich kann Beispiele für Reaktionen aus Kirchen- und Unternehmerkreisen auf die soziale Frage benennen und diese beurteilen.		S. 39, 40

4 Deutsches Kaiserreich 1871–1918

1870	1880	1890
1871 Beginn des Kulturkampfes	1878 Sozialistengesetze	1890 Entlassung Bismarcks

4.1 Bismarcks Innenpolitik

Otto von Bismarck, 1815–1898

Als preußischer Ministerpräsident (1862–1890), als Kanzler des Norddeutschen Bundes (1867–1871) und als deutscher Reichskanzler (1871–1890) war Bismarck lange Jahre hindurch die bestimmende Persönlichkeit in der deutschen Politik. Er stammte aus dem ostelbischen Kleinadel und studierte zunächst Jura in Göttingen und Berlin. Der Revolution von 1848/49 stand er ablehnend gegenüber und wurde zum führenden Mitglied der Konservativen Partei. Diplomatische Erfahrungen sammelte er als preußischer Gesandter beim Bundestag in Frankfurt (1851), in St. Petersburg (1859) und in Paris (1862). 1862 wurde er von Wilhelm I. zum preußischen Ministerpräsidenten berufen. In drei *Reichseinigungskriegen* trieb er die Reichsgründung (↗ S. 28–29) des Deutschen Kaiserreichs voran. Obwohl Gegner liberaler Ideen, arbeitete er zeitweise mit gemäßigten Liberalen zusammen, wenn es ihm taktisch angemessen schien. Nach 1878 trug seine Innenpolitik immer konservativere Züge. Im Gegensatz zu seiner maßvollen Außenpolitik nach der Reichsgründung standen in der Innenpolitik die Unterdrückung der Arbeiterbewegung und der Kulturkampf (↗ S. 43). 1890 kam es zu seiner Entlassung durch den jungen Kaiser **Wilhelm II.**, der eine andere Politik (↗ „Neuer Kurs", S. 50) durchsetzen wollte.

1910		1910		1920	

1898
Annahme des
Flottengesetzes

1912
SPD stärkste Fraktion
im Reichstag

- **1871–1878** Zusammenarbeit Bismarcks mit den Liberalen im Reichstag
- **1873** Beginn der **Wirtschaftskrise** in Deutschland
- **1878** **Sozialistengesetz**: Verbot sozialistischer Vereine, Versammlungen und Druckschriften, Ausweisung von sozialdemokratischen Führern
- **1879** Schutzzollpolitik
- **1883–1889** Sozialgesetze Bismarcks (↗ S. 44)

Kulturkampf

Zwischen 1871 und 1878 setzte Bismarck im Reichstag eine Reihe von Gesetzen durch, die sich gegen die katholische Kirche in Deutschland richteten. So durften beispielsweise Pfarrer fortan keine politischen Aussagen im Amt mehr machen, der Kirche wurde die geistliche Aufsicht über die Schulen entzogen und die Zivilehe wurde 1875 als allein gültige Ehe eingeführt. Hinter dieser Politik stand die Vorstellung Bismarcks, dass die katholische Minderheit (ca. 37 %) eine Bedrohung für die innere Einheit des jungen Staates sei. Jedoch führte der **Kulturkampf** zu einem stärkeren Zusammenschluss der katholischen Bevölkerung mit ihrer Geistlichkeit. Als deutlich wurde, dass seine Maßnahmen fehlschlugen, gab Bismarck den Kulturkampf auf.

Sozialgesetze

BEISPIEL **Krankenversicherung**

1883 regelte erstmalig ein Gesetz die Krankenversicherung der Arbeiter. Die Beiträge wurden von Arbeitgebern und -nehmern gemeinsam aufgebracht und in eine gemeinsame Kasse (Krankenkasse) eingezahlt. Die Leistungen bestanden in freier ärztlicher Behandlung und einem Krankengeld, das vom 3. Tage an bis zu höchstens 13 Wochen gezahlt wurde. Es folgten Gesetze über eine Unfall- (1884), Alters- und Invalidenversicherung (1889). Mit diesen **Sozialgesetzen** hoffte Bismarck die Arbeiter für sich zu gewinnen und sie den Sozialdemokraten, die er mit dem Sozialistengesetz (↗ S. 43) bekämpfte, entziehen zu können. Die drei Gesetze wurden 1911 in der Reichsverordnung zusammengefasst. Für lange Zeit war die Sozialgesetzgebung in Deutschland für andere Staaten Vorbild.

4.2 Bismarcks Außenpolitik

▶ KISSINGER DIKTAT

Im Juni 1877 hielt sich Bismarck zur Kur in Kissingen auf, wo er die Grundzüge seiner künftigen Außenpolitik skizzierte. Der Kernsatz seines berühmten Kissinger Diktats lautete:

ZITAT

„Das Bild, welches mir vorschwebt: nicht das irgendeines Ländererwerbs, sondern das einer politischen Gesamtsituation, in welcher alle Mächte außer Frankreich unserer bedürfen und von Koalitionen gegen uns durch ihre Beziehungen zueinander nach Möglichkeit abgehalten werden."

Diese Leitlinie bestimmte wesentlich Bismarcks Außenpolitik in Europa in den folgenden Jahren.

Der Kolonialpolitik (↗ S. 56) stand Bismarck zurückhaltend gegenüber.

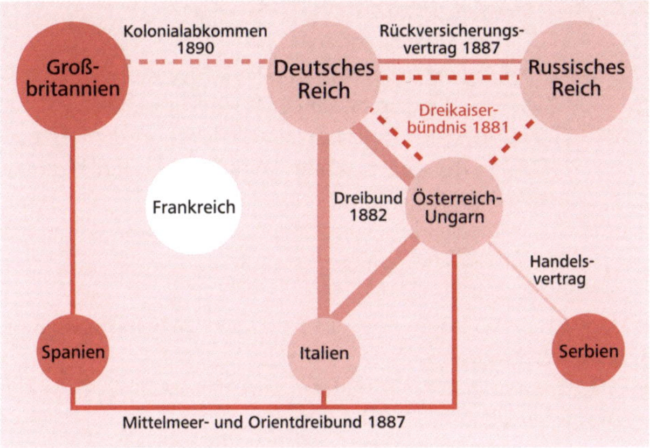

Das Bündnissystem zur Zeit Bismarcks

1878 Nach der Niederlage des Osmanischen Reichs im russisch-osmanischen Krieg 1877/78 kommt es in Berlin zu internationalen Friedensverhandlungen. Auf dem **Berliner Kongress** versucht Bismarck als „ehrlicher Makler" zwischen den Konfliktparteien zu vermitteln.

1879 **Zweibund**: Geheimes Verteidigungsbündnis zwischen Deutschland und Österreich-Ungarn (bis 1918 in Kraft)

1881 **Dreikaiserbündnis** zwischen Russland, Österreich-Ungarn und Deutschland: Neutralitätsabkommen, Abstimmung der Interessen auf dem Balkan

1882 **Geheimer Dreibundvertrag**: Verteidigungsbündnis zwischen Deutschland, Österreich-Ungarn und Italien

1887 **Rückversicherungsvertrag** mit Russland: Neutralitätsvertrag für den Fall eines französischen Angriffs gegen das Deutsche Reich bzw. eines österreichischen Angriffs gegen Russland (Vertragsdauer: 3 Jahre)

4.3 Aufstieg der Sozialdemokratie

- **1863** Gründung des Allgemeinen Deutschen Arbeitervereins (ADAV) in Leipzig durch Ferdinand **Lassalle**
- **1869** Gründung der Sozialdemokratischen Arbeiterpartei (SDAP) in Eisenach durch August **Bebel** und Wilhelm **Liebknecht**
- **1875** Zusammenschluss von ADAV und SDAP in Gotha zur Sozialistischen Arbeiterpartei (SAP)

BEISPIEL **Wichtige Forderungen der Arbeiterbewegung**

Eisenacher Programm

- Allgemeines, gleiches, geheimes, direktes Wahlrecht für alle Deutschen ab dem 20. Lebensjahr

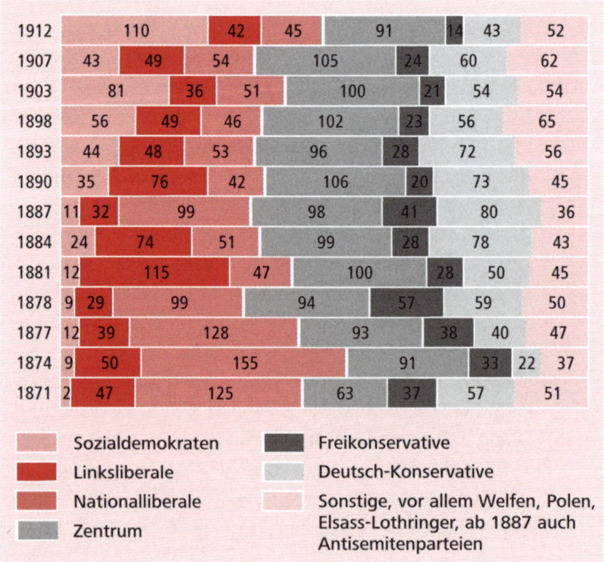

Die Sitzverteilung der Parteien im Deutschen Reichstag, 1871–1912

- Direkte Gesetzgebung durch das Volk
- Entscheidung über Krieg und Frieden durch das Volk
- Errichtung eines Volksheeres
- Allgemeine, kostenlose Schulpflicht
- Reduzierung der Frauenarbeit und Verbot der Beschäftigung von Kindern
- Einführung eines Normalarbeitstages (10 Stunden)
- Abschaffung der einschränkenden Gesetze für die Presse-, Vereinsfreiheit, Recht auf Absprachen zum Zweck der Durchsetzung von Forderungen (Koalitionsfreiheit)
- Trennung der Kirche vom Staat

1875 Verbot der SAP in Preußen auf Grund des Verbindungsverbotes des Vereinsgesetzes von 1850

1878–1890 Sozialistengesetz in Kraft

1890 Der erste legale Parteitag der Sozialdemokratie nach dem Sozialistengesetz beschließt einen neuen Namen für die Partei: **Sozialdemokratische Partei Deutschlands (SPD).**

1912 Bei der Reichstagswahl erhält die SPD 34,8 % der Stimmen und wird stärkste Fraktion (↗ S. 46).

4.4 Jüdisches Leben und Antisemitismus

1871 Formale rechtliche Gleichstellung der Juden durch die Verfassung des Deutschen Kaiserreichs

1893 Gründung des Central-Vereins (↗ S. 48) deutscher Staatsbürger jüdischen Glaubens in Berlin

1897 Erster **Zionistenkongress** unter Beteiligung von etwa 200 Delegierten in Basel

1912/13 Heftige Kontroverse zwischen dem Central-Verein und der Zionistischen Vereinigung für Deutschland über die Frage der Auswanderung nach Palästina

Aug. 1914 Zahlreiche deutsche Juden melden sich als Kriegsfreiwillige. Während des Ersten Weltkrieges fallen etwa 12 000 deutsche Juden.

BEISPIEL Central-Verein

Mit der Gründung des **Central-Vereins** deutscher Staatsbürger jüdischen Glaubens (C.V.) reagierten deutsche Juden auf die Zunahme des Antisemitismus. Der C.V. nahm für sich in Anspruch, den Großteil der in den damaligen Grenzen des Deutschen Reiches lebenden knapp 600 000 Juden zu vertreten. Der C.V. entwickelte sich recht schnell zur mitgliederstärksten jüdischen Organisation und Interessenvertretung im Kampf um die volle Gleichberechtigung und gesellschaftliche Integration. Der C.V. unterstützte die Parteien, die gegen antisemitische Kandidaten Stellung bezogen. 1927 existierten 555 Ortsgruppen. Der C.V. engagierte sich als Interessenvertretung der deutschen Juden auf den Gebieten der Politik, der Rechtsprechung, der Publizistik und im Erziehungswesen. In der Wahl des Vereinsnamens drückte sich das Selbstverständnis zahlreicher Juden aus: zugleich deutscher Staatsbürger und jüdischen Glaubens zu sein. 1938 wurde der C.V. zwangsweise aufgelöst.

▶ ZIONISMUS

Die Idee des **Zionismus** speiste sich aus der traditionellen jüdischen Religiosität und dem Aufkommen des Antisemitismus (↗ S.49) in Europa. In Deutschland hatte sich 1891 der Kölner Rechtsanwalt Max Bodenheimer in einer anonymen Druckschrift für jüdische Ackerbaukolonien in Syrien und Palästina ausgesprochen. Zum Fahnenträger des Zionismus wurde der Budapester Journalist Theodor **Herzl**, der 1896 die zionistische Programmzeitschrift „Der Judenstaat“ publizierte, in der er sich deutlich für die Gründung eines jüdischen Nationalstaats aussprach. In Deutschland gründete sich die Zionistische Vereinigung für Deutschland (1897) im Anschluss an den Baseler Kongress.

Der britische Außenminister Balfour teilte 1917 die Absicht Großbritanniens mit, die Errichtung einer nationalen jüdischen Heimstätte in Palästina zu unterstützen (**Balfourdeklaration**), andere englische Politiker versprachen den Arabern Gebiete in derselben Region. Der Zionismus schuf die Grundlage für die Errichtung des Staates Israel 1948.

Antisemitismus

Im Gegensatz zur traditionellen religiösen Judenfeindschaft beruft sich der **Antisemitismus** auf biologisch-rassistische Vorurteile. Juden seien aufgrund ihrer minderwertigen Rasse von ausschließlich negativem Einfluss. Diese *moderne Form der Judenfeindschaft* fand in der zweiten Hälfte des 19. Jahrhunderts in weiten Teilen Europas Verbreitung. Letztlich bildete dieses Denken die Voraussetzung für die nationalsozialistische Ideologie und den grausamen Völkermord an den Juden.
Neu an der Ausprägung des Antisemitismus war auch, dass er sich in politischen Parteien konkretisierte, die die antisemitische Ideologie in ihr Parteiprogramm aufnahmen.

- **1878** Gründung der Christlich-Sozialen Arbeiterpartei durch den antisemitischen Geistlichen Adolf **Stoecker**. Ein Jahr später wird er in das preußische Abgeordentenhaus und 1881 in den Reichstag gewählt.
- **1878** Wilhelm **Marr** gründet die *Antisemiten-Liga*.
- **1879/80** Berliner Antisemitismusstreit: In der Auseinandersetzung zwischen den beiden angesehenen Historikern Treitschke und Mommsen äußert Treitschke: „Die Juden sind unser Unglück."
- **1881** Antisemiten übergeben Bismarck eine Unterschriftenliste zwecks Abschaffung der Judenemanzipation (↗ S. 18).
- **1889** Gründung der antisemitischen Deutschsozialen Partei auf dem Bochumer *Antisemitentag*
- **1893** Sechzehn antisemitische Abgeordnete ziehen in den Reichstag ein.

1898 **Dreyfusaffäre** in Frankreich: Der Schriftsteller Emile Zola schreibt den offenen Brief „J'accuse". Er stellt sich darin an die Seite des wegen Landesverrats verurteilten Hauptmanns Dreyfus. Dreyfus war Jude; Hintergrund des Prozesses waren antisemitische Strömungen. 1906 wird Dreyfus rehabilitiert.

4.5 „Neuer Kurs"

1888 **Dreikaiserjahr**: Nach dem Tod Wilhelms I. besteigt sein schwer kranker Sohn als Kaiser Friedrich III. den Thron. Er stirbt schon nach drei Monaten. Ihm folgt sein Sohn Kaiser Wilhelm II.

„Der neue Kurs"

Hinter der Bezeichnung **neuer Kurs** verbirgt sich die Abkehr von der Politik Bismarcks nach dessen Entlassung 1890 durch Kaiser Wilhelm II. In der Außenpolitik wurde auf das komplizierte bismarcksche Bündnissystem (↗ S. 45) verzichtet. Der Rückversicherungsvertrag mit Russland wurde 1890 nicht erneuert. Als Gegenreaktion erfolgte ein russisch-französisches Militärbündnis (1892). Diese katastrophale Politik führte zu einer wachsenden Isolierung Deutschlands in Europa und zu verschärften Konfrontationen mit den meisten anderen europäischen Mächten.

1890 Der Rückversicherungsvertrag mit Russland wird nicht erneuert.

1897 Der Staatssekretär im Auswärtigen Amt und spätere Reichskanzler **von Bülow** fordert für Deutschland einen *Platz an der Sonne* (↗ Imperialismus, S. 54).

1898 Erstes Flottengesetz wird vom Reichstag angenommen: Langfristiger Ausbau der Kriegsflotte geplant – Konfrontation mit Großbritannien (↗ Wettrüsten, S. 59).

4.6 Staat und Gesellschaft

BEISPIEL Frauenvereine

1894 wurde nach amerikanischem Vorbild der bürgerliche Bund Deutscher Frauenvereine gegründet. 20 Jahre später zählte er bereits 46 Mitgliedsvereine mit mehr als 500 000 Frauen. Zudem engagierten sich Zehntausende Frauen in der sozialdemokratischen **Frauenbewegung.**
Zu den zentralen Anliegen der Frauenbewegung gehörten die Forderung nach qualifizierten Berufspositionen und die Erlangung des Wahlrechts. Studierende, die zur Ablegung eines Examens berechtigt waren, konnten Frauen erst ab 1900 werden, in Preußen gar erst ab 1908. Das allgemeine **Frauenwahlrecht** wurde erst nach dem Ersten Weltkrieg eingeführt.

- **1895** Erste Filmvorführung im Berliner „Wintergarten“
- **1903** Gründung des „Deutschen Museums von Meisterwerken der Naturwissenschaft und Technik“ in München
- **1905** Albert Einstein legt seine Relativitätstheorie vor. Robert Koch erhält den Medizinnobelpreis für seine Tuberkuloseforschung.

▶ DREIKLASSENWAHLRECHT

Das **Dreiklassenwahlrecht** galt für die Wahl zum Preußischen Landtag. Die Wählerschaft wurde nach ihrem Steueraufkommen in drei Klassen eingeteilt. Im Jahr 1893 gehörten 4 % der Wähler zur ersten, 14 % zur zweiten und 82 % zur dritten Gruppe. Das Wahlrecht bevorzugte den zahlenmäßig geringeren, besitzenden Teil der Bevölkerung, während es die ärmere Masse der Bevölkerung politisch benachteiligte. 1903 erhielt die SPD 19 % der Stimmen, jedoch kein einziges Mandat!

BEISPIEL Militär

Militärische Wertvorstellungen waren im wilhelminischen Kaiserreich sehr wichtig. Sie bestimmten Entscheidungen in der

Außen- und Innenpolitik. So wurden viele finanzielle Mittel für das Wettrüsten (↗ S. 59) ausgegeben. Für die berufliche Karriere im Staatsdienst wurde es wichtig, *gedient* zu haben. Lehrer bezogen ihr Selbstbewusstsein aus ihrem Status als Reserveoffizier und übertrugen die Normen, die sie in der Armee kennen gelernt hatten, auf die Schule. Der Kaiser forderte, Gymnasiasten nicht im Sinne einer humanistischen Bildung, sondern zu nationalen jungen Deutschen zu erziehen.

BEISPIEL **Nationalismus**
Der Alldeutsche Verband wollte Deutschland zu Weltgeltung verhelfen. Deutschlands Name sollte in aller Welt angesehen sein. Zu diesem Zweck forderte der Verband den raschen Ausbau der deutschen Flotte. Ein weiterer Schwerpunkt der alldeutschen Politik war der aggressive Kampf um ein großes Kolonialreich. Die **nationalistischen** Forderungen wurden mit antisemitischer Hetze verbunden. Der Verein, 1890 gegründet, verfügte über einflussreiche Verbindungen zur Regierung und zu den engsten Beratern des Kaisers.

Lerncheck

Kapitel „Deutsches Kaiserreich 1871–1918“	O.K. ✓	Das muss ich noch mal lesen
Ich kann Bismarcks Innenpolitik beschreiben und beurteilen.		S. 42–44
Ich kann Bismarcks Außenpolitik beschreiben und beurteilen.		S. 44, 45
Ich kann die Entwicklung der Sozialdemokraten und deren wichtigsten Forderungen herausarbeiten.		S. 46, 47
Ich kann Antisemitismus als neue Form der Judenfeindschaft charakterisieren und Beispiele für die Verbreitung in der Gesellschaft nennen.		S. 49
Ich kann den Begriff „neuer Kurs“ erklären und die Folgen dieser Politik erläutern.		S. 50
Ich kann die soziale Schichtung der Gesellschaft im Kaiserreich beschreiben.		S. 51
Ich kann zentrale Forderungen der Frauenbewegung benennen.		S. 51
Ich kann Ziele nationalistischer Forderungen beschreiben und Beispiele anführen.		S. 52

5 Imperialismus und Erster Weltkrieg

1870 | 1880 | 1890

1874
Beginn der imperialistischen Politik Englands

1884
Beginn der deutschen Kolonialpolitik

5.1 Europa und die Welt

▶ IMPERIALISMUS

Unter **Imperialismus** versteht man den Zeitraum zwischen 1880 und dem Ersten Weltkrieg, als die europäischen Großmächte sowie Japan und die USA in Konkurrenz zueinander in Afrika und Asien neue Kolonialreiche gründeten. Dabei ging es darum, die eigene Stellung als Großmacht zu festigen und auszubauen und neue Rohstoffquellen und Absatzmärkte zu erschließen. Diese Politik ging mit dem Bewusstsein der kulturellen Überlegenheit gegenüber den kolonialisierten Ländern einher.

- **1875** England erwirbt die Aktienmehrheit des sechs Jahre zuvor eröffneten Sueskanals und kontrolliert damit den Seeweg nach Indien.
- **1881** Tunesien wird französische Kolonie.
- **1882** Die Engländer besetzen Ägypten.
- **1884** Frankreich errichtet ein Protektorat über Vietnam.
- **1884** *Kongokonferenz* in Berlin: Vertreter von 14 europäischen Ländern und den USA beschließen Richtlinien zur Aneignung von Kolonien. Der Wettlauf um Afrika beginnt.

1900		1910		1920	

1900 Boxer-Aufstand

1905/06 1. Marokkokrise

1914 Beginn des 1. Weltkriegs

1917 Kriegseintritt der USA Revolution in Russland

5

- **1898** England erobert den Sudan (**Faschodakrise**). Britische Soldaten zwingen Frankreich zur Aufgabe des Handels- und Militärposten Faschoda.
- **1898** Spanisch-amerikanischer Krieg: Die USA besetzen Kuba, Puerto Rico, Guam und die Philippinen. Spanien verliert seine letzten bedeutsamen Kolonien.
- **1900** Die europäischen Großmächte werfen in China den Aufstand des *Boxer*-Geheimbundes nieder. Dieser richtete sich gegen den europäischen Einfluss in China.
- **1899–1902** Burenkrieg in Südafrika; England strebt nach einem geschlossenen Kolonialgebiet im südlichen Afrika und schickt Truppen nach Südafrika. 1902 werden die Burenrepubliken britische Kolonien.

▶ PANSLAWISMUS

Panslawismus ist die Bezeichnung für das Bestreben nach kulturellem und politischem Zusammenschluss aller slawischen Völker. 1848 fand in Prag der 1. Slawenkongress statt. Russland setzte sich an die Spitze der panslawistischen Bewegung und nutzte sie als Mittel zur Zersetzung des türkischen Reiches und des Vielvölkerstaates (↗ S. 59) Österreich-Ungarn sowie zur Erweiterung des eigenen Einflussbereichs.

5.2 Kolonialpolitik

- **1882** Gründung des deutschen Kolonialvereins
- **1884** Die *Gesellschaft für deutsche Kolonisation* in Berlin beginnt mit dem Abschluss privater Verträge mit afrikanischen Einheimischen.
- **1884** Bismarck mahnt zur Vorsicht und Zurückhaltung des Staates; Ankündigung der Unterstützung erfolgreicher privater Initiativen.
- **1884/85** Beginn der deutschen Kolonialpolitik: Gründung deutscher **Schutzgebiete** in Südwestafrika, Kamerun, Togo und Ostafrika sowie in der Südsee: Neuguinea *(Kaiser-Wilhelm-Land)*, die umliegenden Inseln *(Bismarckarchipel)* und die *Marshallinseln*.
- **1897/98** Besetzung Kiautschous durch deutsche Truppen: China muss in einem Pachtvertrag dieses Gebiet auf 99 Jahre an Deutschland abtreten.
- **1904–1907** Aufstand der Herero und Nama (Hottentotten) in Deutsch-Südwestafrika (heute: Namibia). Der Aufstand endet in einem Völkermord: 75–80 % der Herero und 35–50 % der Nama werden getötet.

▶ KOLONIALISMUS

Die Errichtung von Handelsstützpunkten und Siedlungen ab dem Ende des 15. Jahrhunderts bezeichnet man als **Kolonialismus**. Als Höhepunkt gilt das Zeitalter des Imperialismus (↗ S. 54). In einem „Wettlauf" konkurrierten die europäischen Mächte vor allem um die Aufteilung Afrikas. Ohne Rücksicht auf kulturelle Gegebenheiten der afrikanischen Völker zogen die Kolonialmächte die Grenzen, zerstörten Wirtschaftsstrukturen, beuteten Rohstoffvorkommen aus und nutzten die eroberten Länder als Absatzmärkte für ihre Produkte. Zu der wirtschaftlichen Ausbeutung gesellte sich religiöser und humanistischer Missionseifer. Die Zerstörung der Identität der außereuropäischen Völker wurde als Sieg über das Barbarentum empfunden.

Mahatma Gandhi, 1869–1948
Die herausragende Bedeutung Gandhis liegt neben seiner Rolle als indischer Freiheitskämpfer in der Wahl seiner Methoden: passiver Widerstand, ziviler Ungehorsam, Gewaltlosigkeit. Gandhi studierte Rechtswissenschaften in London, praktizierte zehn Jahre als Anwalt der indischen Minderheit in Südafrika und begann 1915 nach seiner Rückkehr nach Indien seine *Politik des gewaltlosen Widerstands* gegen die britische Kolonialherrschaft. Gandhi und seine Anhänger kauften keine britischen Waren mehr, legten die Ämter nieder, die sie von den Engländern erhalten hatten, und weigerten sich, Steuern zu zahlen. Die Engländer sollten somit zum Rückzug aus Indien gezwungen werden. Nach einer Übergangszeit erhielt Indien 1947 die volle Unabhängigkeit. Erfolglos stemmte Gandhi sich jedoch gegen die Teilung des Subkontinents in Indien und Pakistan. In den Kämpfen zwischen Hindus und Moslems wurde Gandhi selbst ein Opfer der Gewalt.

▶ ENTKOLONIALISIERUNG

Nach dem Zweiten Weltkrieg setzte der Prozess der **Entkolonialisierung** ein. Zahlreiche Kolonialstaaten wurden unabhängig. Die UNO (↗ S. 105) beschloss im Dezember 1960 die Entkolonialisierungsresolution. Die Vollversammlung sprach von der „Notwendigkeit, den Kolonialismus in allen Erscheinungsformen schnell und bedingungslos zu beenden“. Die Probleme blieben jedoch für die Kolonien nach ihrer Unabhängigkeit weiterhin bestehen: künstliche Grenzen, wirtschaftliche Monokulturen und unzureichende Industrialisierung.

- **1947** Großbritannien entlässt Indien und Pakistan, zu Jahresbeginn 1948 auch Burma und Ceylon (Sri Lanka), in die Unabhängigkeit. Der wichtigste Teil des Britischen Empires ist damit nicht länger Kolonialbesitz.
- **1947** Nach militärischen Auseinandersetzungen müssen auf der Haager Konferenz die Niederlande die Unabhängigkeit Indonesiens anerkennen.

- **1954** Mit den Genfer Verträgen verliert Frankreich nach verlustreichem Krieg seine Besitzungen in Indochina. Vietnam, Laos und Kambodscha werden unabhängig.
- **1960** Frankreich und Belgien entlassen fast alle ihre afrikanischen Kolonien in die Unabhängigkeit. Im ehemals belgischen Kongo kommt es zum Bürgerkrieg.
- **1962** Algerien wird nach achtjährigem Krieg gegen Frankreich unabhängig.
- **1989** Namibia erlangt seine Unabhängigkeit von Südafrika. Nach Beendigung der deutschen Kolonialherrschaft (1915) hatte Südafrika das Mandat über das Territorium erhalten, dieses war ihm jedoch 1966 von der UNO entzogen worden.

5.3 Internationale Konflikte am Vorabend des Ersten Weltkriegs

Entente cordiale

Nach der Faschodakrise (↗ S. 55) kam es im Sudanvertrag (1899) zwischen England und Frankreich zu einem Ausgleich ihrer Interessen in Afrika. Die weitere Verständigung zwischen beiden Mächten fand 1904 in der **Entente cordiale** *(Herzliches Einvernehmen)* einen Höhepunkt. 1907 wurde das Bündnis durch die Verständigung Russlands mit England zur Triple-Entente erweitert.

- **1904/05** Krieg zwischen Russland und Japan endet mit der Niederlage Russlands.

BEISPIEL **Die Marokkokrisen (1905/06 und 1911)**
Als 1905 Frankreich versuchte, Marokko zu einem französischen Schutzgebiet zu machen, reiste Wilhelm II. nach Tanger, um mit seinem Besuch den deutschen Wirtschaftsinteressen Nachdruck zu verleihen. In der darauf folgenden Konferenz von Algeciras

wurde Deutschland isoliert und die Entente zwischen England und Frankreich gefestigt. 1911 protestierte das Deutsche Reich gegen das militärische Eingreifen Frankreichs in innere Unruhen Marokkos und entsandte das Kanonenboot *Panther* in den Hafen von Agadir (**Kanonenbootdiplomatie**). Durch ein Abkommen über Marokko und den Kongo wurde die Krise zwischen Frankreich und Deutschland beendet. Deutschland erkannte Marokko als französisches Einflussgebiet an und wurde mit einem kleinen Teil des französischen Kolonialgebiets am Kongo entschädigt.

Okt. 1912 **1. Balkankrieg**: Niederlage der Türkei gegen die Staaten des Balkanbundes (Serbien, Bulgarien, Griechenland, Montenegro)

Juni 1913 **2. Balkankrieg**: In den Auseinandersetzungen um die Kriegsbeute greift Bulgarien Serbien und Griechenland an. Rumänien und die Türkei treten gegen Bulgarien in den Krieg ein, das vollständig geschlagen wird.

▶ VIELVÖLKERSTAAT

Einen Staat, in dem mehrere Völker unter einer politischen Herrschaft leben, bezeichnet man als **Vielvölkerstaat**, z. B. Österreich-Ungarn. 1910 setzte sich dessen Bevölkerung folgendermaßen zusammen (in Mio.): Deutsche 12; Tschechen und Slowaken 8,5; Ukrainer 4; Polen 5; Ungarn 10; Slowenen 1,4; Serbokroaten 5,6; Italiener 0,8; Rumänen 3,2.

Wettrüsten

Unter Führung von Admiral Tirpitz begann das Deutsche Reich 1897, eine große Anzahl neuer Kriegsschiffe zu bauen. Damit trat Deutschland in Konkurrenz zur beherrschenden Flottennation Großbritannien. Die englische Regierung baute ab 1904 mehr und zugleich größere Kriegsschiffe. Der Versuch scheiterte, dieses gefährliche Wettrüsten zu beenden. 1912 blieben Verhandlungen über eine Rüstungsbegrenzung ohne Ergebnis, da Tirpitz nicht zu Konzessionen in der Flottenfrage bereit war.

5.4 Ausbruch und Verlauf des Ersten Weltkriegs

- **28.6.1914** *Attentat von Sarajevo:* Der österreichische Thronfolger Erzherzog **Franz Ferdinand** und seine Frau werden von einem bosnischen Studenten ermordet.
- **6.7.1914** Deutschland versichert Österreich-Ungarn seine unbedingte Bündnistreue (**Blankovollmacht**).
- **28.7.1914** Kriegserklärung von Österreich-Ungarn an Serbien
- **30.7.1914** Generalmobilmachung in Russland
- **1.8.1914** Deutsche Mobilmachung und Kriegserklärung an Russland
- **3.Aug.1914** *Kriegserklärung* Deutschlands an Frankreich
  Es folgen weitere Kriegserklärungen: Serbiens an Deutschland (6.8.), Österreich-Ungarns an Russland (6.8.), Frankreichs an Österreich-Ungarn (11.8.), Großbritanniens an Österreich-Ungarn (12.8.).

BEISPIEL Die Katastrophe des Ersten Weltkriegs

Der Erste Weltkrieg stellt einen traurigen Wendepunkt in der Kriegsführung dar. Durch die industrielle Fertigung wurden in vorher unvorstellbarer Weise Vernichtungswaffen produziert und eingesetzt. 1915 setzte die deutsche Armee erstmals Giftgas im Kampf ein. Die Zahl der Toten erreichte ein nie zuvor gekanntes Ausmaß. 1916 verloren 360000 französische und 335000 deutsche Soldaten in einem sinnlosen mehrmonatigen Stellungskrieg um die Festung Verdun ihr Leben.

Im Februar 1917 befahl die Oberste Heeresleitung, deutsche U-Boote sollten ohne Warnung Handels- und Passagierschiffe versenken. Die USA sahen darin eine Bedrohung und nahmen diese Verschärfung zum Anlass, an der Seite der Alliierten in den Krieg einzutreten.

- **6.4.1917** Kriegseintritt der USA nach erneutem uneingeschränktem U-Boot-Krieg durch die Deutschen.

8.1.1918 In vierzehn Punkten legt der amerikanische Präsident Woodrow Wilson einen Vorschlag für den Abschluss eines Friedens vor (↗ Völkerbund, S. 74).

3.3.1918 **Frieden von Brest-Litowsk**: Russland scheidet aus dem Krieg aus. Umfangreiche Gebietsveränderungen: Finnland und die Ukraine werden unabhängig.

5.5 Die russischen Revolutionen

1903 Auf dem zweiten Kongress der russischen Sozialdemokratischen Arbeiterpartei spaltet sich diese in **Menschewiki** (Minderheitengruppe) und **Bolschewiki** (Mehrheitengruppe).

1905 Revolutionäre Unruhen im Innern zwingen Zar Nikolai II. zum Erlass einer Verfassung und zur Einrichtung eines Parlaments (Reichsduma).

5

Auslöser der Revolution in Russland

- Wiederkehrende Hungerkatastrophen seit den 1890er-Jahren führen zu einem Massenelend der Bauern und zu Versorgungsschwierigkeiten in den Städten.
- Die Forderungen des städtischen Bürgertums nach demokratischen Grundrechten werden lauter.
- Der liberal gesinnte Adel drängt nach einer Regierungsbeteiligung.
- Arbeiter kämpfen für die Verbesserung ihrer Lebens- und Arbeitsbedingungen.
- Die Niederlage gegen Japan 1905 verschärft die Situation.

Feb. 1917 Streiks und Massendemonstrationen gegen die *Zarenherrschaft*: Soldaten weigern sich, auf die Demonstranten zu schießen, und laufen zu den Aufständischen über.

- **Feb./März 1917** Als neues Machtzentrum bildet sich das Provisorische Exekutivkomitee des Petrograder Sowjets (↗ S. 63–64) der Arbeiter- und Soldatendeputierten (Abgeordnete). Es übt die Kontrolle über die Armee aus.
- **2.3.1917** Ende der Zarenherrschaft: Zar **Nikolai II.** dankt ab. Das Dumakomitee setzt eine provisorische Regierung ein. Bis auf den sozialistischen Justizminister **Kerenskij** sind ihre Mitglieder bürgerlich-liberal orientiert.
- **Mai 1917** Menschewiki treten in die gebildete provisorische Regierung ein.
- **Juli 1917** Kerenskij wird Ministerpräsident.
- **Okt. 1917** Bolschewistischer Umsturz in Petrograd (später Leningrad, heute wieder St. Petersburg). Kerenskij und sein Kabinett werden abgesetzt. Der „Rat der Volkskommissare“ unter Führung Lenins (↗ S. 63) übernimmt die Regierungsgeschäfte.

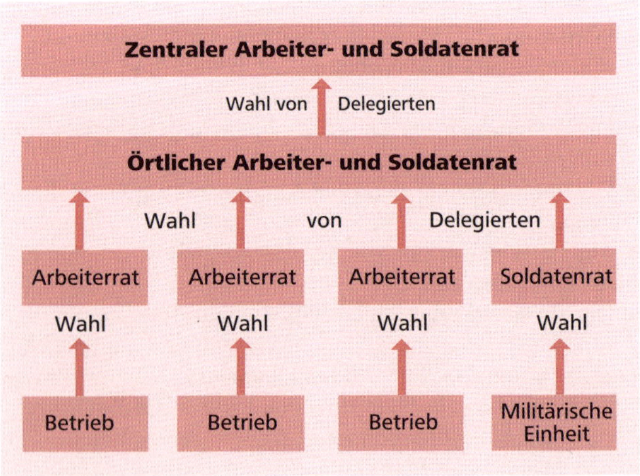

Rätesystem

Wladimir I. Uljanow, genannt Lenin, 1870–1924
Lenin war führend an der Spaltung der Sozialdemokratischen Partei Russlands nach dem Ausbruch der 1. Russischen Revolution in St. Petersburg (1905) beteiligt. Nach deren Scheitern verbrachte Lenin die folgenden Jahre im Exil.
In zahlreichen Schriften wandte er die marxistischen Thesen auf die Besonderheiten von Russland an und forderte eine vorzeitige Revolution. Statt des Zwischenstadiums des Kapitalismus sollte der direkte Schritt vom Feudalismus zum Sozialismus führen. Über eine *Diktatur des Proletariats* wollte er zum Sozialismus und Kommunismus gelangen.
Nach der russischen Februarrevolution 1917 reiste Lenin heimlich mit Unterstützung der deutschen Heeresleitung aus der Schweiz über Deutschland nach Russland ein. In seinen Aprilthesen forderte er *Alle Macht den Räten*. Nach der **Oktoberrevolution** nahm Lenin im Rat der Volkskommissare den Posten des Vorsitzenden ein. Seine führende Stellung im Zentralkomitee der Bolschewisten, die sich ab 1918 Kommunistische Partei Russlands nannten, war unbestritten. Um die Existenz des neuen Regimes nicht zu gefährden, war Lenin bereit, im Frieden von Brest-Litowsk (↗ S. 61) die harten deutschen Bedingungen zu akzeptieren.
In einem blutigen Bürgerkrieg setzten sich die Bolschewisten mit der neu geschaffenen Roten Armee unter Führung von **Leo Trotzki** durch. 1923 überlebte Lenin zwar ein Attentat trotz schwerer Verletzungen. Jedoch entglitten ihm nach Schlaganfällen in seinen letzten Lebensjahren zunehmend die politischen Zügel.

5

▶ SOWJETS

Zur Organisierung von Streiks und Aufständen gründeten Arbeiter in der russischen Revolution 1905 Räte (russ. = Sowjets). Der Rätegedanke verfolgte ursprünglich ein demokratisches Konzept. Die gewählten Delegierten sollten den Wählern direkt verantwortlich und jederzeit abwählbar sein. In der russischen Februarrevolution 1917 entstand eine Doppelherrschaft in Petrograd durch die **Sowjets** einerseits und die provisorische Regierung andererseits.

Das Rätesystem setzte sich mit der Oktoberrevolution endgültig durch. In der Revolution in Deutschland 1918/19 propagierten die Unabhängigen Sozialdemokraten (USPD) und die Kommunisten das Rätemodell. Dieses versteht sich als Gegenmodell zur repräsentativen parlamentarischen Demokratie. Es findet keine Gewaltenteilung (↗ S. 12) statt. Träger der gesamten Staatsgewalt sind die **Arbeiter- und Soldatenräte**.

- **1918–1921** Bürgerkrieg in Russland: Die gegenrevolutionären Kräfte vereinigen sich in der *Weißen Armee.*
- **1920** Anerkennung der Unabhängigkeit der baltischen Staaten durch Russland
- **30. 12. 1922** Gründung der UdSSR: In Moskau beschließt der Erste Allunionssowjetkongress die Bildung der **Union der Sozialistischen Sowjetrepubliken**.
- **21. 1. 1924** Nach dem Tod Lenins setzt sich Stalin (↗ S. 104) als der politisch starke Mann in der Sowjetunion durch.

Lerncheck

Kapitel „Imperialismus und Erster Weltkrieg“	O.K. ✔	Das muss ich noch mal lesen
Ich kann den Begriff „Imperialismus“ erklären.		S. 54
Ich kann die Ausbreitung der Herrschaft europäischer Staaten in überseeischen Ländern aufzeigen.		S. 54–56
Ich kann Folgen der imperialistischen Politik für die betroffenen Ländern erläutern und beurteilen.		S. 56
Ich kann die Entkolonialisierung als Epoche einordnen und Probleme benennen, die auch nach der Unabhängigkeit weiterhin bestehen.		S. 57, 58
Ich kann internationale Konflikte am Vorabend des Ersten Weltkriegs benennen und erläutern.		S. 58, 59
Ich kann Ursachen und Anlässe für den Ausbruch des Ersten Weltkriegs nennen und gewichten.		S. 59, 60
Ich kann die Auswirkungen des Ersten Weltkriegs beschreiben und erklären, warum er als „moderner Krieg“ charakterisiert wird.		S. 60
Ich kann erläutern und begründen, welche Ereignisse im Jahr 1917 besonders wichtig für die Weltgeschichte waren.		S. 60–62
Ich kann die Grundzüge des Rätesystems wiedergeben.		S. 62–64

6 Weimarer Republik 1918–1933

1918		1922		192
Nov. 1918 Kriegsende und Revolution	1920 Kapp-putsch	1923 Ruhrkampf, Inflation, Hitlerputsch	1925 Tod Eberts, Hindenburg neuer Reichs-präsident	

6.1 Kriegsende und Revolution 1918/19

3.11.1918 Der Aufstand der Matrosen in Kiel greift auch auf andere Städte über. Es bilden sich Arbeiter- und Soldatenräte.

7./8.11.1918 Revolution in München: Arbeiter-, Bauern- und Soldatenräte unter Kurt **Eisner** (USPD) übernehmen die Regierung. Der bayerische König flieht.

9.11.1918 Revolution in Berlin: Kaiser Wilhelm II. dankt ab. Philipp **Scheidemann** (SPD) ruft die Republik aus, Karl **Liebknecht** kurz danach die „Freie Sozialistische Republik".

10.11.1918 Der **Rat der Volksbeauftragten**, bestehend aus je drei SPD- und USPD-Mitgliedern, übernimmt die Regierungsaufgaben.

11.11.1918 Der Waffenstillstand wird unterzeichnet.

28./29.12.1918 Die Vertreter der Unabhängigen Sozialdemokraten (USPD) treten aus dem Rat der Volksbeauftragten aus.

1.1.1919 Die Revolutionäre Kommunistische Arbeiterpartei (später KPD) wird gegründet.

1930 | 1934

ab 1929
Weltwirtschaftskrise

1930
Beginn der
Präsidialkabinette

30. Jan. 1933
Hitler Reichskanzler

5.–15.1.1919 **Spartakusaufstand** hauptsächlich getragen von Kommunisten, USPD und revolutionären Metallarbeitern. Es kommt zum Generalstreik und zu Straßenkämpfen in Berlin. Karl **Liebknecht** und Rosa **Luxemburg**, die politischen Führer der Kommunisten, werden von Offizieren ermordet.

BEISPIEL **Arbeiter- und Soldatenräte in der Revolution**
In fast allen Städten Deutschlands bildeten sich im November 1918 Arbeiter- und Soldatenräte nach russischem Vorbild (Sowjets). Diese entsandten im Dezember ihre Vertreter zum Deutschen Rätekongress nach Berlin. Der Kongress war mehrheitlich SPD-orientiert (292 von 489 Delegierten). Er lehnte nach heftigen Diskussionen das Rätesystem für das Reich ab und beschloss Wahlen zur Nationalversammlung.

6.2 Versailler Vertrag

18.1.1919 Die Friedenskonferenz wird im Spiegelsaal des Schlosses zu Versailles mit 70 Delegierten aus 27 Siegerstaaten eröffnet.

- **19.4.1919** Die Verfassung des Völkerbunds (↗ S. 74) wird in der Vollversammlung der Pariser Friedenskonferenz angenommen.
- **7.5.1919** Deutsche Bemühungen, in mehreren Punkten Milderungen zu erreichen, bleiben erfolglos.
- **20.6.1919** Reichskanzler Scheidemann tritt zurück, da er gegen eine Vertragsunterzeichnung ist. Gustav Bauer bildet eine neue Regierung, bestehend aus Zentrum und SPD.
- **23.6.1919** Annahme des Friedensvertrags im Deutschen Reichstag mit den Stimmen der Sozialdemokraten und des Zentrums.

Die wichtigsten Bestimmungen des **Versailler Vertrags**:

- **Gebietsabtretungen** des Deutschen Reichs u. a.: Elsass-Lothringen, fast ganz Posen und Westpreußen, Memelgebiet
- **Abstimmungen über die Zugehörigkeit** zum Deutschen Reich unter anderem in folgenden Landesteilen: Nordschleswig, Oberschlesien, Saargebiet (nach 15 Jahren)
- **Verzicht Deutschlands auf alle überseeischen Gebiete**
- **Reduzierung der deutschen Armee** (100 000 Mann); Aufhebung der allgemeinen Wehrpflicht
- **Übernahme der Kriegsschuld**
- **Wiedergutmachung** (Reparationen) in einer noch festzulegenden Höhe

6.3 Weimarer Verfassung

- **19.1.1919** Wahl zur Nationalversammlung: SPD, Zentrum und DDP (Linksliberale) erhalten zusammen die Mehrheit und bilden eine Regierung, die sogenannte **Weimarer Koalition**. Diese verliert jedoch in der Reichstagswahl 1920 ihre parlamentarische Mehrheit.

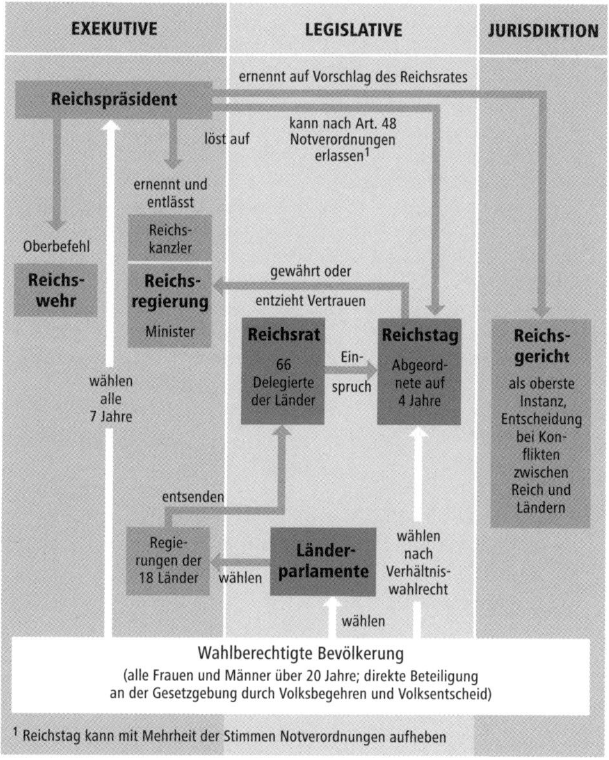

Die Verfassung der Weimarer Republik

6.2.1919 Aufgrund von Straßenkämpfen findet die Eröffnung der Nationalversammlung nicht in Berlin, sondern in Weimar statt (daher die Namensgebung für die Republik).

11.2.1919 Friedrich **Ebert** wird Reichspräsident.

Friedrich Ebert, 1871–1925
Ebert stammte aus einer Handwerkerfamilie, nach der Volksschule schloss er eine Sattlerlehre an. 1889 trat er den Sozialdemokraten bei. Den begabten Redner und glänzenden Organisator betraute die Partei bald mit verschiedenen Aufgaben: 1912 wurde er Abgeordneter des Reichstags; 1913, nach dem Tod August Bebels, Vorsitzender der SPD neben Hugo Haase. Nach dessen Parteiausschluss, da Haase 1917 die Unabhängigen Sozialdemokraten (USPD) mitbegründete, übernahm Ebert den Vorsitz der SPD-Reichstagsfraktion (1916). Bei Ausbruch der Revolution am 9. 11. 1918 wurde er mit dem Amt des Reichskanzlers und mit dem Amt des Vorsitzenden des Rats der Volksbeauftragten betraut. 1919 wählten ihn die Abgeordneten zum ersten Reichspräsidenten. Während seiner Amtszeit wurde Ebert von den Rechten scharf angegriffen und diffamiert. Noch vor Ablauf seiner Amtszeit starb er 1925 an den Folgen einer verschleppten Blinddarmentzündung.

11.8.1919 Die Weimarer Reichsverfassung tritt in Kraft: Sie schreibt erstmalig das **Frauenwahlrecht** in Deutschland fest. Das Alter für das aktive Wahlrecht wird von 25 auf 21 Jahre gesenkt.

6.4 Die Krisenjahre 1920–1923

13.–16. 3. 1920 **Kapp-Lüttwitz-Putsch:** Rechte Republikfeinde versuchen die Reichsregierung zu stürzen. Die Gewerkschaften rufen zum Generalstreik auf, kurz darauf bricht der Putsch zusammen. Die Reichswehr weigert sich, gegen die Putschisten vorzugehen.

BEISPIEL **Dolchstoßlegende**
Die Dolchstoßlegende war nach 1918 von Nationalisten verbreitete Propaganda. Danach seien an der deutschen Niederlage im Ersten Weltkrieg nicht das Militär und die monarchische Füh-

rung schuld, sondern Demokraten und Sozialisten. Diese seien der unbesiegten Armee in den Rücken gefallen. Im November 1919 hatte erstmals Hindenburg diese Lüge vor einem Untersuchungsausschuss der Nationalversammlung zur Kriegsniederlage in die Welt gesetzt. In der Folge verübten Rechtsextremisten politische Morde an demokratischen Politikern. Im August 1921 wurde der Zentrumspolitiker Matthias **Erzberger** ermordet. Er hatte im November 1918 den Waffenstillstandsvertrag unterschrieben. Im Juni 1922 erschossen Rechtsextremisten den demokratischen Außenminister Walther **Rathenau** auf der Fahrt in sein Ministerium. Rathenau war Jude.

- **11.1.–13.8.1923** **Ruhrkampf**: Französische und belgische Truppen besetzen zur Sicherung der Reparationsansprüche das Ruhrgebiet. Die Reichsregierung fordert zum passiven Widerstand auf.
- **Okt./Nov. 1923** Kommunisten versuchen durch einen Aufstand in Hamburg und Unruhen in Sachsen und Thüringen einen Umsturz herbeizuführen. In der Pfalz wollen Separatisten eine Abtrennung vom Deutschen Reich erreichen. Die bayerische Regierung verhängt den Ausnahmezustand. In dieser Krise putscht Hitler (↗ Hitlerputsch, S. 72).
- **15.11.1923** Die Inflation wird durch die Einführung einer neuen Währung beendet: 1 Rentenmark = 1 Billion Papiermark.

▶ INFLATION 1914–1923

Während dieser Zeit wurde das Geld immer weniger wert, da die im Umlauf befindliche Geldmenge immer mehr zunahm. Das Deutsche Reich hatte den größten Teil des Krieges durch Anleihen (Staatsverschuldung) finanziert. Die Regierung hatte gehofft, nach einem siegreichen Krieg die Anleihen aus Kriegsbeute zurückzahlen zu können. Nach Kriegsende druckte die Regierung Geld, um die Kriegsanleihen, die Arbeitsplätze für die heimkehrenden Soldaten und auch die Reparationen finanzieren zu können. Die Geldmenge nahm dadurch zu, die Preise stiegen immer schneller, der Geldwert sank. Ab 1922 spricht man nicht mehr von einer *schleichenden*, sondern von einer *galoppierenden* **Inflation** oder einer Hyperinflation.

Eine zusätzliche Verschärfung erfuhr die Inflation durch den Ruhrkampf (↗ S. 71). Während des passiven Widerstands musste der Lebensunterhalt der Ruhrbevölkerung finanziert werden, es wurden jedoch keine Gegenwerte geschaffen. Die Notenpressen der Reichsbank liefen immer schneller. Im November 1923 kostete eine Zeitung 1 Billion Mark.

6.5 Frühphase der NSDAP

- **5. 1. 1919** Der Schlosser Anton Drexler und der Sportjournalist Karl Harrer gründen in München die Deutsche Arbeiterpartei (DAP) mit anfangs nur 20–40 Mitgliedern.
- **12. 9. 1919** Hitler besucht im Auftrag der Reichswehr eine Versammlung der DAP, tritt kurz darauf bei.
- **24. 2. 1920** Erste Großveranstaltung der in **Nationalsozialistische Deutsche Arbeiterpartei (NSDAP)** umbenannten Partei mit 2000 Besuchern: Hitler gibt das von Drexler und ihm zusammengestellte 25-Punkte-Programm bekannt.
- **8./9. 11. 1923** **Hitlerputsch** in München: Hitler erklärt die Regierungen des Reichs und Bayerns für abgesetzt und sich selbst zum Reichskanzler. Der Demonstrationszug wird von der Polizei gewaltsam zerstreut. Hitler wird verhaftet.
- **Feb./März 1924** Hochverratsprozess unter anderem gegen Hitler und **Ludendorff**. Hitler wird zu fünf Jahren Festungshaft in Landsberg verurteilt, aber bereits im Dezember vorzeitig entlassen.

6.6 Scheinstabile Jahre 1924–1929

Die wichtigsten Konferenzen für die deutsche Außenpolitik nach dem Abkommen von Versailles:

Ort/Teilnehmer	Zweck	Vertragspunkte
Rapallo (16. 4. 1922) Deutschland, Sowjetunion	Regelung der deutsch-russischen Beziehungen	– gegenseitiger Verzicht auf Ersatz der Kriegskosten sowie territoriale Gebietsansprüche – Wiederaufnahme diplomatischer Beziehungen
Dawesplan (9. 4. 1924) Internationaler Sachverständigenausschuss	Sicherung der Rückzahlungsfähigkeit europäischer Schuldner an die USA	– Festsetzung der jährlichen finanziellen Belastung Deutschlands bis 1927/28 – endgültige Höhe und Dauer der deutschen Kriegsentschädigung offen
Locarno (16. 10. 1925) Deutschland, Belgien, Polen, Frankreich, Großbritannien, Italien, Tschechoslowakei	Politischer Ausgleich zwischen Deutschland und den ehemaligen Feindmächten	– Verzicht Deutschlands auf Elsass-Lothringen, Anerkennung und Garantie der Westgrenzen – Schiedsabkommen zwischen Deutschland und den einzelnen Ländern
Berlin (24. 4. 1926) Deutschland, Sowjetunion	Zusammenarbeit zwischen Deutschland und der UdSSR	– Versicherung der Neutralität im Konfliktfall mit einer dritten Macht
Genf (10. 9. 1926)	Aufnahme Deutschlands in den Völkerbund	– Deutschland wird ständiges Mitglied im Völkerbundsrat
Den Haag (6. 8. 1929/ 30. 1. 1930) 12 europ. Mächte, u. a. Deutschland, Polen, USA, Frankreich, Großbritannien, Japan	Abkommen über die deutschen Reparationsverpflichtungen	– Zusicherung der Räumung des Rheinlands bis Juni 1930 – Regelung der Reparationen auf Basis des Youngplans: Reparationsleistungen verteilt

▶ VÖLKERBUND

Der **Völkerbund** als internationale Organisation wurde auf Anregung des amerikanischen Präsidenten Woodrow Wilson 1919 während der Pariser Friedenskonferenz gegründet. Das Ziel einer allgemeinen Abrüstung wurde aber nicht erreicht. Da einige Länder nie (USA) oder nur zeitweise (Deutschland) Mitglieder wurden, blieb die Autorität des Völkerbunds sehr begrenzt. 1946 wurde er aufgelöst. An seine Stelle treten die Vereinten Nationen (↗ S. 105).

Gustav Stresemann, 1878–1929

Der spätere Reichsaußenminister und Reichskanzler kam aus einer kleinbürgerlichen Familie. Noch vor dem Ersten Weltkrieg wurde er Abgeordneter der Nationalliberalen im Reichstag (1907–12, 1914–18). 1915 übernahm Stresemann den Vorsitz der Reichstagsfraktion. Nach der Revolution gründete er 1919 die rechtsliberale Deutsche Volkspartei und wurde deren Vorsitzender. Zunächst war er gegen die Weimarer Republik und den Versailler Vertrag. Weniger aus Überzeugung als aus Vernunftgründen setzte er sich ab 1920 für die Republik ein, er wird daher auch als *Vernunftrepublikaner* bezeichnet. Im Krisenjahr 1923 übernahm er für kurze Zeit das Amt des Reichskanzlers und wurde dabei von einer großen Koalition (SPD, DDP, Zentrum und DVP) getragen. Von 1923 bis zu seinem Tod 1929 war er Außenminister. Für seine Ausgleichspolitik wurde er 1926 zusammen mit dem französischen Außenminister **Briand** mit dem Friedensnobelpreis ausgezeichnet. Sein Tod kurz vor Ausbruch der Weltwirtschaftskrise führte zu einer deutlichen Schwächung der Weimarer Republik.

Die Goldenen Zwanziger

BEISPIEL Moderne Massenkultur

Erfindungen und neue Herstellungstechniken wie das Fließband schaffen die Voraussetzungen für den Erfolg neuer Kommunikationsmittel. Neue Produkte wie beispielsweise das Radio lassen sich kostengünstiger produzieren. Mit den Formen der **Massenkultur** werden jetzt breite Bevölkerungsschichten erreicht.

Erstmals im Herbst 1923 wird der Hörfunkbetrieb in Deutschland aufgenommen. Bis Anfang 1928 sind zwei Mio. Geräte angemeldet. 1932 gibt es bereits in einem Viertel aller Haushalte ein **Radio**. Beliebt sind Übertragungen von Sportereignissen.

Ende der 20er-Jahre kommen die ersten Tonfilme auf den Markt. Täglich gehen zwei Mio. Menschen ins **Kino**. Filme wie *Metropolis* von Fritz Lang oder *Der blaue Engel* mit Marlene Dietrich machen Kinogeschichte. SPD und KPD gründen Filmfirmen, um eigene Filme mit ihren politischen Zielen herzustellen.

1928 erscheinen in Deutschland 3 356 Tageszeitungen mit einer Gesamtauflage von über 20 Mio. Exemplaren. Kritiker sehen vor allem in dem Pressekonzern des deutschnationalen Politikers **Hugenberg** eine Gefahr für die Republik, da es zu einer Meinungskonzentration kommt.
Als neue Zeitschriftenform mit Bildern und Fotos setzt sich die Illustrierte durch. Es erscheinen Boulevardzeitungen *(BZ am Mittag)*, die die neue Form der Bildreportage nutzen.

6.7 Untergang der Republik 1929/30–1933

- **Okt. 1929** Ein Börsenkrach in New York wird zum Auslöser der **Weltwirtschaftskrise**. Amerikanische Kredite werden aus Europa abgezogen. Dadurch kommt es in Deutschland zu einem Rückgang des Handels, zu Bankenzusammenbrüchen und damit einem dramatischen Anstieg der Arbeitslosigkeit.
- **März 1930** Über die Frage einer Beitragserhöhung zur Arbeitslosenversicherung zerbricht die große Koalition unter Reichskanzler Müller (SPD).
- **Sept. 1930** In der Reichstagswahl erzielt die NSDAP einen starken Stimmenanstieg und steigert ihre Abgeordnetenzahl von 12 auf 107 Mandate im Reichstag.

Entwicklung der Arbeitslosigkeit in Deutschland (in Millionen)					
	Januar	Juli		Januar	Juli
1927		1,00	1931	4,89	3,99
1928	1,86	1,01	1932	6,04	5,39
1929	2,85	1,25	1933	6,01	4,46
1930	3,22	2,76	1934	3,77	2,42

März 1930–Mai 1932 Heinrich **Brüning** (Zentrum) wird Reichskanzler. Durch einen harten Sparkurs bei den Staatsausgaben (**Deflationspolitik**) versucht er der Wirtschaftskrise Herr zu werden. Die meisten Gesetze werden über Notverordnungen durchgesetzt.

▶ NOTVERORDNUNG / PRÄSIDIALKABINETTE

Die Regierungen nach 1930 bis zur Reichskanzlerschaft Hitlers bezeichnet man als **Präsidialkabinette**. Sie konnten sich auf keine parlamentarische Mehrheit stützen und waren abhängig vom Reichspräsidenten. Dieser erließ mit dem Hinweis auf Artikel 48 der Verfassung **Notverordnungen**, die das ordentliche Gesetzgebungsverfahren durch das Parlament fast vollständig verdrängten.

April 1932 **Hindenburg** wird gegen Hitler im zweiten Wahlgang erneut zum Reichspräsidenten gewählt.

30. 5. 1932 Reichskanzler **Brüning** wird entlassen, sein Nachfolger wird Franz von **Papen**. Das *Kabinett der nationalen Konzentration* wird im Volk *Kabinett der Barone* genannt: Sechs von neun Regierungsmitglieder sind adlig.

14. 6. 1932 Das Verbot von SA und SS wird durch eine Notverordnung der Regierung von Papen aufgehoben. Als Gegenleistung bietet Hitler die Tolerierung der Minderheitsregierung.

Paul von Hindenburg, 1847–1934

Der Oberbefehlshaber im Ersten Weltkrieg an der Ostfront gewann als Kriegsheld große Volkstümlichkeit. Als Chef des Generalstabs des Feldheeres übte Hindenburg seit 1916 zusammen mit Ludendorff maßgebenden Einfluss auf die politischen Entscheidungen aus. Nach den militärischen Niederlagen im Westen forderte er Waffenstillstandsverhandlungen. Bei Kriegsende leitete er den Rückzug und die Demobilisierung des Heeres. Nach dem Tod Eberts wurde er als Kandidat der Rechten zum Reichspräsidenten gewählt; Hindenburg hielt sich formal an die Verfassung, ohne je Anhänger der Republik zu werden. 1932 wurde er als Kandidat der Parteien der Mitte einschließlich SPD gegen Hitler im 2. Wahlgang wiedergewählt.

Hindenburg gewann durch den Verfall der parlamentarischen Kräfte ein starkes politisches Übergewicht, da sich die Präsidialkabinette auf seine Autorität stützten. Er war z. B. in der Lage, den Reichskanzler ohne Berücksichtigung der politischen Konstellation zu entlassen. Noch 1932 weigerte sich Hindenburg, die NSDAP an der Regierung zu beteiligen, 1933 berief er Hitler nach längerem Zögern zum Reichskanzler.

Juni/Juli 1932 Die Konferenz von Lausanne löst das Reparationsproblem für Deutschland durch die Vereinbarung über eine einmalige Schlusszahlung von 3 Mrd. Reichsmark.

20. 7. 1932 In einem Staatsstreich des Reichskanzlers von Papen (**Preußenschlag**) wird die preußische Minderheitsregierung Braun (SPD/Zentrum) unter Berufung auf Artikel 48 der Verfassung abgesetzt. Der Reichskanzler übernimmt das Amt des preußischen Ministerpräsidenten.

31. 7. 1932 Die NSDAP wird stärkste Partei bei der Reichstagswahl. Die Kommunisten gewinnen ebenfalls dazu. Eine Regierung der demokratischen Mitte ist rechnerisch nicht mehr möglich.

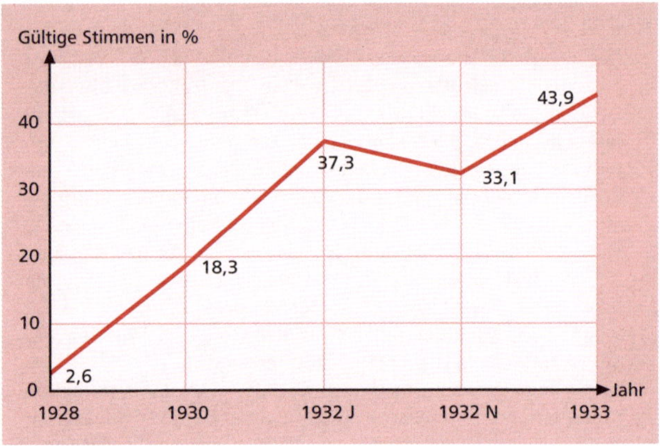

Wahlentwicklung der NSDAP, 1928–1933

6. 11. 1932 Da die Versuche einer Regierungsbildung erfolglos bleiben, findet eine erneute Reichstagswahl statt. Es kommt dabei zu einem Stimmenrückgang der NSDAP und zu Gewinnen für die Deutschnationalen und die Kommunisten.

17. 11. 1932 Rücktritt des Kabinetts von Papen: General Kurt von **Schleicher** wird Anfang Dezember neuer Reichskanzler. Es ist die 20. Regierung seit 1918.

28. 1. 1933 Schleicher tritt als Reichskanzler zurück, nachdem Hindenburg seinen Vorschlag einer befristeten Diktatur als letzte Möglichkeit, die Ernennung Hitlers zum Reichskanzler zu verhindern, ablehnt.

Lerncheck

Kapitel „Weimarer Republik 1918–1933“	O. K. ✓	Das muss ich noch mal lesen
Ich kann die Gründung der Weimarer Republik als Ergebnis der Novemberrevolution und der außenpolitischen Konstellation beschreiben.		S. 66–69
Ich kann die wichtigsten Bestimmungen des Versailler Vertrags für Deutschland nennen.		S. 67, 68
Ich kann Prinzipien der parlamentarischen Demokratie in der Weimarer Verfassung erklären.		S. 69
Ich kann Belastungsfaktoren für die junge Demokratie in den Anfangsjahren der Republik benennen und erläutern.		S. 70–72
Ich kann die Ziele und Erfolge der Außenpolitik der Weimarer Republik herausarbeiten.		S. 73, 74
Ich kann Beispiele für Veränderungen im Kulturbereich während der „Goldenen Zwanziger“ aufzeigen.		S. 74, 75
Ich kann wichtige Stationen des Scheiterns der Weimarer Republik benennen und erläutern.		S. 75–78
Ich kann das System der Präsidialkabinette beschreiben und als Belastungsfaktor für die Republik einordnen.		S. 76
Ich kann die drei Hauptphasen der Weimarer Republik und ihre prägenden Faktoren unterscheiden.		S. 66–78

7 Nationalsozialismus 1933–1945

	1933		1935		1937	
	30. Jan. 1933 Reichskanzlerschaft Hitlers	1934 Tod Hindenburgs	1935 Nürnberger Gesetze			1938 Anschluss Österreichs, Pogromnach

7.1 „Machtergreifung" und Politik der „Gleichschaltung"

30. 1. 1933 **Hitler** wird von Hindenburg zum Reichskanzler ernannt. Neben Hitler sind noch zwei NSDAP-Mitglieder (Frick, Göring) im Kabinett vertreten. Die Vorstellung, acht nicht nationalsozialistische Minister könnten Hitler zähmen, erweist sich bald als Irrtum.

Adolf Hitler, 1889–1945

Hitler stammte aus einer kleinbürgerlichen Beamtenfamilie in Braunau (Österreich). In Wien (1908–1913) hielt er sich mit Malen von Bildern und Postkarten finanziell über Wasser, siedelte dann nach München über. Im Ersten Weltkrieg meldete er sich als Kriegsfreiwilliger an die Westfront. Nach Kriegsende übernahm er im Auftrag der Reichswehr Schulungsaufgaben und wurde als Agent zur Beobachtung von politischen Gruppen in München eingesetzt. Während dieser Zeit besuchte er eine Veranstaltung der bis dahin unbedeutenden Deutschen Arbeiterpartei (DAP) und wurde kurz darauf Mitglied. In dieser setzte er sich schnell durch und wurde 1. Vorsitzender (Führer) mit fast diktatorischen Vollmachten. 1920 wurde die Partei in Nationalsozialistische Deutsche Arbeiterpartei (NSDAP) umbenannt. 1923 scheiterte

1941	1943	1945

. Sept. 1939
·eginn des Zweiten
Veltkriegs

Jan. 1942
Wannseekonferenz

Juni 1944
Alliierte Invasion in der Normandie

8. Mai 1945
Kapitulation Deutschlands

ein von Hitler geführter Putsch (↗ Hitlerputsch, S. 72). Während seiner Festungshaft in Landsberg schrieb er den ersten Band von „Mein Kampf“. Nach seiner vorzeitigen Haftentlassung gründete er die Partei neu. Anfang der 30er-Jahre gewann die NSDAP in dramatischer Weise an Stimmen und wurde so in kürzester Zeit zur stärksten Partei im Reichstag.
Mit der Ernennung zum Reichskanzler begann der Aufbau seiner diktatorischen Macht nach innen und der Expansion nach außen. Nach dem Tod Hindenburgs (1934) übernahm Hitler das Amt des Reichspräsidenten. Die Reichswehr legte den Eid auf seine Person ab. Kurz vor Ende des Zweiten Weltkriegs beging Hitler (am 30. 4. 1945) Selbstmord.
Sein Rassenhass und seine mörderischen Vorstellungen von einem *Kampf ums Dasein* bestimmten maßgeblich die Richtung der nationalsozialistischen Politik.

1. 2. 1933 Reichstagsauflösung und Festsetzung von Neuwahlen für den 5. März

4. 2. 1933 Die Verordnung des Reichspräsidenten *Zum Schutze des deutschen Volkes* ermöglicht Eingriffe in die Presse- und Versammlungsfreiheit und gibt die Handhabe für erste Verfolgungen politischer Gegner.

- **6.2.1933** Durch eine Verfassungsmanipulation kommt es in Preußen zur Landtagsauflösung und zur Festsetzung von Neuwahlen am 5. März.
- **22.2.1933** In Preußen ordnet Innenminister Göring an, SA, SS und Stahlhelmleute als Hilfspolizisten einzusetzen.
- **27.2.1933** **Reichstagsbrand:** Der holländische Kommunist Marinus van der Lubbe wird nach dem Brand des Berliner Reichstagsgebäudes inhaftiert und wegen Brandstiftung angeklagt. Weiterhin nimmt die Polizei über 4000 missliebige Personen fest, die auf schwarzen Listen der Nationalsozialisten stehen.
- **28.2.1933** Notverordnung *Zum Schutz von Volk und Staat (Reichstagsbrandverordnung)* des Reichspräsidenten

▶ „MACHTERGREIFUNG“

Der 30. Januar 1933 war nicht, wie die NS-Propaganda verbreitete, der Tag der **„Machtergreifung“** durch die Nationalsozialisten, sondern der Tag der Machtübergabe aus den Händen des greisen Reichspräsidenten Hindenburg. Die „Machtergreifung“, d.h. der Prozess der Umwandlung der Weimarer Republik in eine Einparteien- und Führerdiktatur, geschah in den darauffolgenden Wochen. Wichtige Instrumente waren dabei zwei Gesetze. Die *Reichstagsbrandverordnung* setzte die wesentlichen Grundrechte außer Kraft: Freiheit der Person, Meinungs-, Presse-, Vereins- und Versammlungsfreiheit, Post- und Fernsprechgeheimnis, Unverletzlichkeit von Eigentum und Wohnung.

BEISPIEL Ausschaltung des Parlaments

Ermächtigungsgesetz

Am 23. März 1933 wurde gegen die Stimmen der SPD das Ermächtigungsgesetz (↗ „Machtergreifung“) mit der notwendigen Zweidrittelmehrheit angenommen. Um diese zu erreichen, wurde zuvor die Geschäftsordnung manipuliert. An der Abstimmung nahmen alle 81 KPD-Abgeordneten ebenso wie 26 SPD-Abgeordnete nicht mehr teil, die nach dem Reichstagsbrand

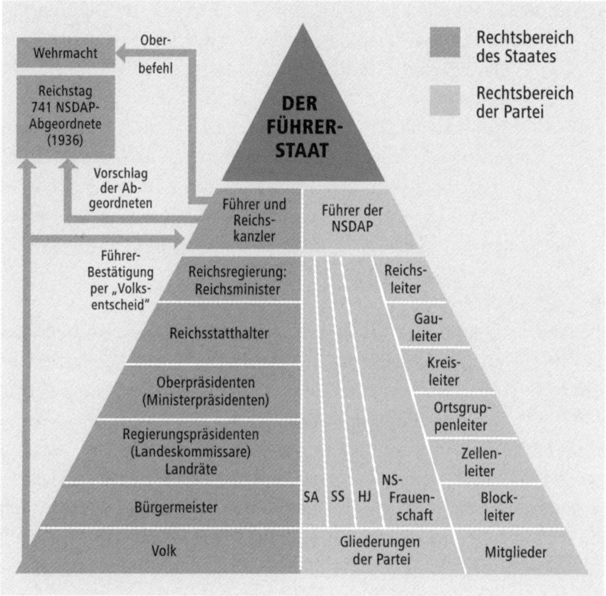

Das nationalsozialistische Herrschaftssystem

7

geflohen oder verhaftet worden waren. Während das Zentrum zustimmte, um die Rechte der katholischen Kirche im Schul- und Erziehungswesen und die Verhandlungen über das Konkordat (↗ S. 86) nicht zu gefährden, lehnten die Sozialdemokraten das Gesetz ab. Das **Ermächtigungsgesetz** zur *Behebung der Not von Volk und Reich* bedeutete die Ausschaltung der Weimarer Verfassung. Die Regierung konnte nun Gesetze verfassungsändernden Inhalts, soweit sie nicht die Einrichtung des Reichstags und Rechte des Reichspräsidenten berührten, erlassen. Das Ermächtigungsgesetz bildete die Grundlage für die NS-Diktatur: 1937 auf vier Jahre, 1943 auf unbestimmte Zeit verlängert.

5.3.1933 Reichstagswahl: Trotz NS-Terrors im Wahlkampf und verfassungswidriger Behinderung besonders von KPD, SPD und Zentrum erreicht die NSDAP nur 43,9 % der Stimmen.

5.–9.3.1933 In den nicht nationalsozialistischen Ländern (Hamburg, Hessen, Lübeck und Bremen, Württemberg, Baden, Sachsen, Schaumburg-Lippe, Bayern) werden, unterstützt von SA- und SS-Provokationen, Nationalsozialisten als Polizeikommissare eingesetzt.

▶ „GLEICHSCHALTUNG"

Hinter diesem politischen Schlagwort der Nationalsozialisten verbirgt sich die Aufhebung des politischen und gesellschaftlichen Pluralismus während der Phase der Machtergreifung (↗ S. 82). Bei der **„Gleichschaltung"** der Länder mussten diese ihre Hoheitsrechte auf das Reich übertragen. Ebenso wurden wichtige Organisationen sowie Rundfunk und Presse „gleichgeschaltet". Sie wurden ihrer Eigenständigkeit beraubt und nach dem Führerprinzip ausgerichtet. Überzeugte Nationalsozialisten über-nahmen schließlich die Führungspositionen auf allen Organisationsebenen.

20.3.1933 Himmler gibt die Errichtung eines ständigen Konzentrationslagers in Dachau bei München bekannt (↗ Konzentrationslager, S. 95–96).

21.3.1933 Tag von Potsdam: In der Eröffnungssitzung des neugewählten Reichstags in der Potsdamer Garnisonskirche beschwören Hitler und Hindenburg preußische Tugenden und nationale Größe. Die Bilder dieser Propagandaveranstaltung verfehlen ihre Wirkung nicht.

7.4.1933 Das *Gesetz zur Wiederherstellung des Berufsbeamtentums* schließt politisch unliebsame Personen und Juden vom Beamtenstatus aus.

1.5.1933 Der *Tag der nationalen Arbeit* wird erstmals gesetzlicher Feiertag.

2.5.1933 Häuser der Gewerkschaften werden von nationalsozialistischen Rollkommandos besetzt und die Gewerkschaften zerschlagen.

10.5.1933 Nationalsozialistische Studenten organisieren in Universitätsstädten Bücherverbrennungen *undeutscher* Autoren (z.B. Erich Kästner, Bertolt Brecht, Thomas Mann).

22.6.1933 Die SPD wird verboten. Bis zum 5.7. lösen sich die übrigen Parteien selbst auf.

14.7.1933 Gesetz gegen die Neubildung von Parteien: Das Monopol der NSDAP vollendet die Gleichschaltung auf parlamentarischer Ebene.

▶ FASCHISMUS

Im engeren Sinne ist damit eine nach dem Ersten Weltkrieg in Italien entstandene Bewegung gemeint. Die italienischen Faschisten gelangten 1922 an die Macht. Das von Benito **Mussolini** geführte und straff organisierte Herrschaftssystem basierte auf dem Einparteienstaat und war antiparlamentarisch, antidemokratisch und antimarxistisch. Im weiteren Sinne ist **Faschismus** Sammelbegriff für alle rechtsradikalen, autoritären politischen Bewegungen oder Systeme bis 1945. Dazu zählt auch der Nationalsozialismus. Heute verwendet man **Neofaschismus** und Neonazismus für rechtsradikale Bewegungen, die sich ideologisch an Faschismus und Nationalsozialismus orientieren.

30.6.–3.7.1934 **Röhmaffäre:** Unter dem Vorwand eines unmittelbar drohenden Putsches der SA werden höhere SA-Führer von der Gestapo und der SS verhaftet und ohne Verfahren erschossen. Auch zahlreiche andere politische Gegner, deren sich das Regime entledigen will, werden ermordet.

2.8.1934 Tod Hindenburgs: Hitler übernimmt das Amt des Reichspräsidenten und nennt sich fortan „Führer und Reichskanzler".

7.2 Wirtschaft und Gesellschaft

Wirtschaft

10.5.1933 Gründung der **Deutschen Arbeitsfront** (DAF): Die Mitglieder der Gewerkschaften werden zwangsweise in diese Organisation eingegliedert, die der NSDAP angeschlossen ist.

19.5.1933 Das Gesetz über Treuhänder der Arbeit regelt die Arbeitsverträge. Die Tarifautonomie wird durch staatlichen Zwang ersetzt.

29.11.1933 Per Gesetz erfolgt die Einführung von Pflichtinnungen und des Führerprinzips im Handwerk.

Kirche

20.7.1933 Abschluss des **Konkordats** (Vertrag zwischen dem Deutschen Reich und dem Vatikan): Das Deutsche Reich sichert Bestand, Tätigkeit und Einrichtungen der aber nie näher abgegrenzten religiösen, kulturellen und karitativen katholischen Organisationen. Im Gegenzug verbietet der Vatikan Priestern und Ordensleuten jede parteipolitische Betätigung.

11.9.1933 Gründung des *Pfarrernotbundes*: Ein Drittel aller evangelischen Pfarrer wendet sich gegen die „Gleichschaltung" durch die Deutschen Christen, die einen *Arierparagraphen* in der Kirche einführen wollen.

Jugend

Die Nationalsozialisten bemühen sich in besonderer Weise, die Jugend für den Staat zu gewinnen. Am 1.12.1936 wird die **Hitlerjugend** (HJ) zur Staatsjugend erklärt. Die Aktivitäten reichen von einer vormilitärischen Ausbildung (Wehrertüchtigungslager) nach dem Befehlsprinzip bis zur Freizeitgestaltung. Die HJ entwickelte sich zu einem wirkungsvollen System der Beeinflussung und Frühmilitarisierung der Heranwachsenden. Wer diesen Drill nicht mochte, hatte es nicht einfach, sich ihm zu ent-

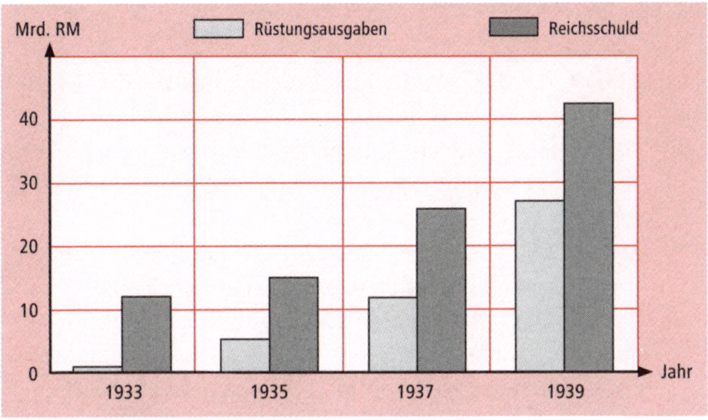

Ausgaben und Staatsschulden

ziehen. Er war in seinem Schul- und Freundeskreis weitgehend isoliert. Gegen Kriegsende erfolgt der Einsatz der Minderjährigen im **Volkssturm**. Ab 1940 wird die Mitgliedschaft in der HJ oder dem **Bund deutscher Mädel (BDM)** für alle Jugendlichen Pflicht.

Organisation: 14–18-Jährige als HJ bzw. BDM, 10–14-Jährige als *Jungvolk* bzw. *Jungmädel*. Die Mitgliederzahl belief sich 1938 auf ca. 8,7 Mio.

Armee

2.8.1934 Um die Gunst Hitlers zu sichern, ordnet Reichskriegsminister von Blomberg nach dem Tod Hindenburgs die Vereidigung der Reichswehr auf die Person Hitlers an.

4.2.1938 Nach einer Intrige werden der Reichskriegsminister von Blomberg und der Oberbefehlshaber des Heeres von Fritsch entlassen **(Fritschkrise)**. Anstelle des Reichskriegsministeriums bildet Hitler ein Oberkommando (OKW) der Wehrmacht. Er wird Oberbefehlshaber der Wehrmacht.

7.3 Ausgrenzung durch Rassenpolitik

- **22.3.1933** Im Reichsinnenministerium wird das Referat *Rassenhygiene* gebildet.
- **1.4.1933** Gegen jüdische Geschäfte findet ein von der NSDAP und dem Propagandaministerium organisierter Boykott statt.
- **7.4.1933** Das *Gesetz zur Wiederherstellung des Berufsbeamtentums* schließt Juden vom Beamtentum aus.
- **14.7.1933** Das Gesetz zur Verhütung erbkranken Nachwuchses ermöglicht die Sterilisierung, wenn mit großer Wahrscheinlichkeit Nachkommen mit schweren körperlichen oder geistigen Erbschäden zu erwarten sind.
- **25.7.1935** *Nichtarier* werden künftig vom Wehrdienst ausgeschlossen.
- **15.9.1935** Verkündung der **Nürnberger Gesetze** auf dem NSDAP-Parteitag: Zwischen Juden und Nichtjuden werden Eheschließung und Geschlechtsverkehr verboten. Juden werden politisch rechtlose Staatsbürger.
- **14.11.1935** Den Juden wird das Wahlrecht aberkannt.

Jüdische Emigration aus Deutschland

Anteil der Emigranten in den Jahren 1933 bis 1941

Jahr	Emigranten	Jahr	Emigranten
1933	37 000	1938	40 000
1934	23 000	1939	78 000
1935	21 000	1940	15 000
1936	25 000	1941	8000
1937	23 000	**Zusammen**	**270 000**

▶ „ARISIERUNG“

Die **„Arisierung“** zielte auf die Verdrängung der Juden aus dem deutschen Berufs- und Wirtschaftsleben und deren Ausplünderung. Jüdisches Grund- und Betriebsvermögen wurde enteignet. Nach der **Reichspogromnacht** 1938 erfolgte ein generelles Verbot der Führung von Geschäften und Betrieben durch Juden. In Zwangsverkäufen veräußerten jüdische Besitzer ihr Vermögen deutlich unter Wert.

- **17.8.1938** Alle Juden müssen den zusätzlichen Vornamen *Sara* bzw. *Israel* annehmen.
- **9./10.11.1938** Organisierte Judenpogrome (**„Kristallnacht"**) durch die NSDAP und die SA: Es kommt zu Zerstörungen von Synagogen, jüdischen Geschäften und Wohnungen, Misshandlungen und Verhaftungen von über 30 000 Juden.
- **14.11.1938** Juden dürfen keine deutschen Schulen mehr besuchen.
- **8.12.1938** Ein Runderlass Himmlers schreibt die Erfassung und erkennungsdienstliche Behandlung aller Sinti und Roma im Reichsgebiet vor.

„Euthanasie"

1940 begannen die Nationalsozialisten geistig und körperlich Behinderte zu ermorden (**„Euthanasie"**). Bis August 1941 wurden in speziellen Tötungsanstalten schätzungsweise 60 000 bis 80 000 Menschen umgebracht. Proteste, vor allem von kirchlicher Seite, führten zur Einstellung der Massenmorde, auch wenn heimlich weiter getötet wurde.

7.4 Außenpolitik bis 1939

- **Okt. 1933** Austritt aus der Abrüstungskonferenz und aus dem Völkerbund: In einer Volksabstimmung begrüßen 88 % der Deutschen diesen Schritt.
- **Jan. 1934** Deutschland und Polen unterzeichnen einen Nichtangriffspakt auf zehn Jahre.

13.1.1935 Das Saargebiet stimmt für die *Rückgliederung* ins Reich (90,6 %). Das Ergebnis bedeutet einen Prestigegewinn für das NS-Regime.

16.3.1935 Die Einführung der allgemeinen Wehrpflicht und der Aufbau einer deutschen Luftwaffe bedeuten den *Bruch des Versailler Vertrags* durch Hitler.

18.6.1935 Deutsch-britisches Flottenabkommen: Großbritannien erklärt sich mit einer Stärke der deutschen Kriegsmarine einverstanden, die bis zu 35 % der britischen erreicht (Appeasementpolitik, ↗ unten).

7.3.1936 Die Locarnoverträge werden einseitig aufgekündigt. Die Wehrmacht besetzt vertragswidrig das entmilitarisierte Rheinland.

25.10.1936 Vertrag über die deutsch-italienische Zusammenarbeit: *Achse Berlin–Rom*

25.11.1936 Der *Antikominternpakt* von Deutschland und Japan sieht eine gemeinsame antisowjetische Politik vor.

12.3.1938 Deutsche Truppen marschieren in Österreich ein. Zuvor wurde ein Ultimatum gestellt und der österreichische Bundeskanzler Kurt Schuschnigg zum Rücktritt gezwungen.

13.3. 1938 „Anschluss“ Österreichs an das Reich

30.9.1938 Das **Münchener Abkommen:** Hitler, Mussolini, **Chamberlain** und **Daladier** beschließen die Abtretung des Sudetengebiets der Tschechoslowakei an Deutschland zum 1.10.

▶ APPEASEMENTPOLITIK

Die **Appeasementpolitik** war der Versuch der britischen Regierung unter Premierminister Chamberlain, den Frieden durch internationale Entspannung zu stabilisieren und Hitler in ein Sicherheitssystem einzubinden. Daher war die britische Regierung auf der Konferenz von München bereit, Hitler gegenüber Zugeständnisse zu machen. Innerhalb der britischen Bevölkerung fand die Appeasementpolitik starken Rückhalt. Die britisch-französische Garantieerklärung für Polen vom 31.3.1939 als Reaktion auf die Errichtung des *Reichsprotektorats Böhmen und Mähren* und die Zerschlagung der „Resttschechei" bedeutete die Aufgabe der Appeasementpolitik. Im August 1939 wurde ein britisch-polnischer Bündnisvertrag unterzeichnet.

- **14.–16.3.1939** Besetzung Böhmens und Mährens: Schaffung eines Reichsprotektorats Böhmen und Mähren
- **23.3.1939** Die Slowakei stellt sich unter den Schutz des Deutschen Reichs. Unter politischem Druck gibt Litauen das Memelgebiet an das Deutsche Reich zurück.
- **Mai 1939** Deutsch-italienisches Militärbündnis *(Stahlpakt)*
- **23.8.1939** Deutsch-sowjetischer Nichtangriffspakt (**Hitler-Stalin-Pakt**). Im geheimen Zusatzprotokoll vereinbaren beide Diktatoren die Abgrenzung ihrer Interessensphären und die Aufteilung Polens.

7.5 Zweiter Weltkrieg

- **1.9.1939** *Überfall auf Polen:* Deutschland beginnt ohne eine Kriegserklärung nach fingierten Grenzzwischenfällen den Krieg.
- **3.9.1939** Britisch-französische Kriegserklärung an das Deutsche Reich
- **6.10.1939** Abschluss der Eroberung Polens: Hitlers Friedensangebot an die Westmächte auf der Basis der neuen Realitäten wird von diesen abgelehnt.
- **9.4.1940** Deutscher Überfall auf Dänemark und Norwegen
- **10.5.1940** Beginn der deutschen Offensive im Westen unter Verletzung der Neutralität der Niederlande, Belgiens und Luxemburgs
- **10.6.1940** Kriegseintritt Italiens auf deutscher Seite; Erweiterung der Achse Berlin–Rom zum *Dreimächtepakt* (Deutschland, Italien und Japan)

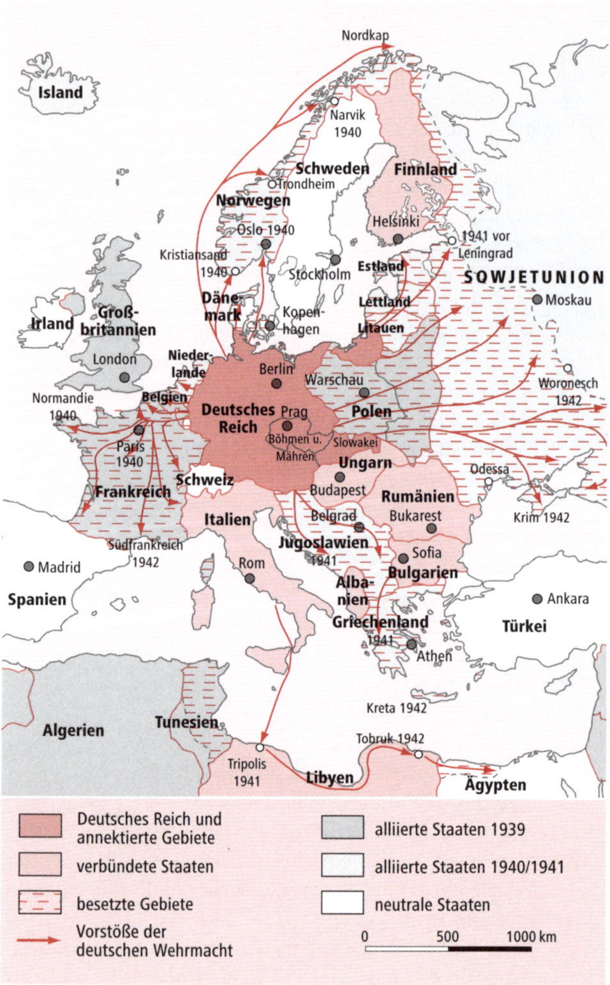

Die Expansion des Deutschen Reiches, 1935–1943

- **13.8.1940** Beginn der Luftschlacht um England (bis Mai 1941)
- **Nov./Dez. 1940** Nach der italienischen Niederlage im Krieg gegen Griechenland lässt Hitler einen Angriff der Wehrmacht vorbereiten, um eine Front der Allierten auf dem Balkan zu verhindern und den geplanten Krieg gegen die Sowjetunion militärstrategisch zu flankieren.
- **6.4.1941** Deutscher Überfall auf Jugoslawien und Griechenland
- **22.6.1941** Deutscher Überfall auf die Sowjetunion
- **11.12.1941** Nach dem japanischen Überfall auf die US-Flotte in **Pearl Harbour** (7.12.) erklärt Hitler den USA den Krieg, ohne Japan gegenüber hierzu vertraglich verpflichtet zu sein.
- **23.6.1942** Mit der britischen Gegenoffensive und der Landung einer amerikanisch-britischen Invasionsarmee in Marokko und Algerien (7./8.11.) beginnt der deutsch-italienische Rückzug aus Nordafrika (am 13.5.1943 Kapitulation in Tunesien).
- **22.11.1942** Die 6. Deutsche Armee (ca. 250 000 Mann) wird in Stalingrad eingeschlossen. Am 2.2.1943 erfolgt die Kapitulation.
- **18.2.1943** **Goebbels** verkündet im Berliner Sportpalast den **„totalen Krieg“**.

▶ ZWANGSARBEITER

Der Begriff **Zwangsarbeiter** umfasst eine Vielzahl unterschiedlicher Personengruppen. Im Jahr 1944 stellten die ausländischen Zwangsarbeiter – dazu zählt man Zivilarbeiter, Kriegsgefangene, KZ-Häftlinge und jüdische Arbeitskräfte – etwa ein Viertel der in der Gesamtwirtschaft innerhalb des deutschen Reichs Beschäftigten. Auf dem Gebiet des „Großdeutschen Reichs“ waren 7,6 Mio. ausländische Arbeitskräfte, die man größtenteils mit Zwang zum Arbeitseinsatz ins Reich gebracht hatte, beschäftigt: 5,7 Mio. Zivilarbeiter und knapp zwei Mio. Kriegsgefangene.

2,8 Mio. von ihnen stammten aus der Sowjetunion; 1,7 Mio. aus Polen; 1,3 Mio. aus Frankreich. Insgesamt wurden zu dieser Zeit Menschen aus fast zwanzig europäischen Ländern im Reich zur Arbeit eingesetzt. Der nationalsozialistische „Ausländereinsatz" zwischen 1939 und 1945 stellte den größten Fall des zwangsweisen Einsatzes von ausländischen Arbeitskräften in der Geschichte seit dem Ende der Sklaverei im 19. Jahrhundert dar. Ohne Zwangsarbeit hätte weder die Rüstungsproduktion aufrechterhalten noch die deutsche Bevölkerung auf vergleichsweise hohem Niveau ernährt werden können.

▶ „TOTALER KRIEG"

Der Begriff **„totaler Krieg"** wurde von General Ludendorff in der Endphase des Ersten Weltkriegs geprägt und meint die Missachtung der völkerrechtlich bindenden Unterscheidung von Krieg führenden Truppen und nicht kämpfender Bevölkerung, aber auch die Mobilisierung der gesamten Bevölkerung und Wirtschaft für den Krieg. Für die Zeit des Nationalsozialismus umfasst der Begriff darüber hinaus den rassenbiologisch begründeten und bewusst geplanten Terror- und Vernichtungskrieg in Osteuropa, das Euthanasieprogramm (↗ S. 89) sowie den Holocaust (↗ S. 95–97) an den europäischen Juden während des Zweiten Weltkriegs.

- **13. 5. 1943** Kapitulation der deutsch-italienischen „Heeresgruppe Afrika" bei Tunis
- **10. 7. 1943** Amerikanische und britische Streitkräfte landen an verschiedenen Stellen Siziliens.
- **8. 9. 1943** Waffenstillstand zwischen Italien und den alliierten Mächten
- **6. 6. 1944** Beginn der alliierten Invasion an der Atlantikküste in der Normandie
- **21. 10. 1944** Aachen wird als erste deutsche Großstadt von den Amerikanern besetzt.

7.6 Holocaust

Der Begriff **Holocaust** stammt aus dem Griechischen und wurde zunächst von amerikanisch-protestantischen Theologen benutzt. Er bezeichnet ursprünglich ein vollständig vom Feuer verzehrtes Opfer. Die jüdische Welt verwendet zur Beschreibung der Vernichtung der Juden im Nationalsozialismus den Begriff *Shoa*. Er stammt aus dem Hebräischen und bedeutet „Katastrophe".

- **31.7.1941** Im Namen Hitlers beauftragt Göring Reinhard Heydrich, „unter Beteiligung der dafür infrage kommenden Zentralinstanzen" alle erforderlichen Vorbereitungen für eine *Vernichtung der Juden* im deutschen Einflussbereich in Europa zu treffen.
- **14.10.1941** Der Befehl zur *Deportation* von Juden aus dem Reichsgebiet in die Gettos Kowno, Lodz, Minsk und Riga (Transporte bis Jan. 1942) erfolgt.
- **20.1.1942** **Wannseekonferenz**: Parteifunktionäre und Ministerialbeamte koordinieren unter der Leitung Heydrichs Maßnahmen zur *Endlösung der Judenfrage*.
- **Ende März 1942** Die ersten Judentransporte aus Westeuropa und dem Reichsgebiet gehen nach Auschwitz.
- **Juni 1942** Beginn der *Massenvergasungen* von Juden in Auschwitz-Birkenau

▶ KONZENTRATIONSLAGER / VERNICHTUNGSLAGER

Die Errichtung von **Konzentrationslagern** begann 1933 mit dem Einsatz von Einheiten der nationalsozialistischen Sturmabteilung (SA) als Hilfspolizisten. In leeren Fabrikhallen und an anderen Orten hielten SA-Einheiten ihre politischen Gegner (ca. 30 000 Kommunisten, Sozialdemokraten und Deutsche jüdischen Glaubens) gefangen. Es kam zu bestialischen Misshandlungen. Auf Druck der Öffentlichkeit und der Justiz endete diese Phase im April 1934. Die schwarz gekleidete *Schutzstaffel* (SS) und ihre *Totenkopfverbände* übernahmen die Konzentrations-

Konzentrationslager

lager. Während des Krieges füllten sich die Konzentrationslager mit Häftlingen aus den von der Wehrmacht besetzten Ländern. Vor allem in Polen wurden weitere Lager eingerichtet. Dort befanden sich auch die **Vernichtungslager**: Konzentrationslager, in denen Menschen *industriell* mit Gas ermordet wurden. Während Kinder unter 15 Jahren und arbeitsunfähige Männer und Frauen sofort getötet wurden, wurden die Arbeitsfähigen unter mörderischen Bedingungen so lange zur Arbeit eingesetzt, bis sie zusammenbrachen. Das größte Vernichtungslager war Auschwitz-Birkenau bei Krakau.

19.4.1943 Aufstand im Warschauer Getto: Nach der Verschleppung von 300 000 Bewohnern ins Vernichtungslager Treblinka leisten die verbliebenen ca. 60 000 Juden bei der endgültigen Räumung bewaffneten Widerstand. Beim Sturm auf das Getto werden fast alle Juden von SS und Polizeiverbänden umgebracht.

- **April–Juni 1944** Massendeportationen griechischer und ungarischer Juden nach Auschwitz; von 400 000 ungarischen Juden werden 250 000 vergast.
- **1.11.1944** **Himmler** befiehlt, die Vergasungen in Auschwitz zu beenden und die Spuren zu verwischen.
- **27.1.1945** Auschwitz wird von sowjetischen Truppen befreit. Ungefähr 5000 Lagerinsassen werden noch lebend vorgefunden.

7.7 Widerstand

Die Zahl der namentlich bekannten deutschen Widerstandskämpfer beläuft sich auf ca. 7000. Sie leisteten vor allem Widerstand aus politischer oder religiöser Überzeugung, aus Einsicht in die Verderben bringende Natur des Regimes, aus Entsetzen und Scham über die Verbrechen, die von Staats wegen begangen wurden, aus Anstand und Mitleid mit den Opfern. Ihren Mut und ihren Einsatz bezahlten sie oft mit dem Leben.

BEISPIELE

20. Juli 1944

Militärs um Graf **von Stauffenberg** versuchten durch einen Putsch die NS-Diktatur zu stürzen. Für den Erfolgsfall standen sie in Verbindung mit Politikern, die das Spektrum von den Konservativen bis zur Sozialdemokratie repräsentierten, die dann in die Regierung eintreten sollten. Hitler überlebte, wenn auch verletzt, das Attentat am 20. 7. 1944. Der Staatsstreich brach daraufhin zusammen.

Weiße Rose

Die Münchener Studenten **Hans** und **Sophie Scholl** waren an der Universität Mitglieder dieser Gruppe, die mit ihren Flugblättern gegen die Regierung und den Krieg aufriefen. Im Februar 1943 wurden sie verhaftet und hingerichtet.

Rote Kapelle
Über 150 Frauen und Männer rechnet man zu diesem Widerstandsnetz in Deutschland. Bis zu seiner Aufdeckung im August 1942 versorgten sie die russische Armeeführung mit militärischen Informationen, sammelten Beweismaterial gegen die Verbrecher des NS-Staates und schilderten die Untaten in anonymen Flugschriften.

Kirchlicher Widerstand
Im Sommer 1941 predigte der Bischof von Münster, Graf **von Galen**, öffentlich gegen die Euthanasie (↗ S. 89). 1934 bildete sich die evangelische **Bekennende Kirche**, die auf Distanz zum NS-Staat ging. Pfarrer Martin **Niemöller** wurde wegen seiner kritischen Äußerungen in Predigten und Vorträgen 1937 verhaftet und blieb bis Kriegsende im Konzentrationslager.

Einzelpersonen
Am 8.11.1939 missglückte ein Attentat des Kunstschreiners Johann Georg **Elser** auf Hitler im Münchener Bürgerbräukeller nur knapp.

7.8 Kriegsende und Bilanz

- **25.4.1945** Bei Torgau an der Elbe treffen amerikanische und sowjetische Truppen zusammen.
- **29.4.1945** Die deutschen Streitkräfte in Italien kapitulieren.
- **30.4.1945** Hitler begeht Selbstmord im Bunker der Reichskanzlei in Berlin, Goebbels am 1.5.; Großadmiral Karl **Dönitz** wird Hitlers Nachfolger als Staatsoberhaupt.
- **2.5.1945** Die Rote Armee erreicht Berlin.
- **7./8.5.1945** Die Kapitulation der deutschen Wehrmacht wird im US-Hauptquartier in Reims unterzeichnet. Danach folgt die Wiederholung der Zeremonie im sowjetischen Hauptquartier in Berlin-Karlshorst.

- **6./9.8.1945** Abwurf von **Atombomben** auf die japanischen Städte Hiroshima und Nagasaki durch die USA: Mehr als 200 000 Menschen werden getötet, 100 000 verwundet und Tausende sterben an den Spätfolgen.
- **2.9.1945** Die japanische Armee kapituliert.

Die Schreckensbilanz

- Ungefähr 55 Mio. Menschen verloren im Krieg ihr Leben. Unter den Opfern hatte die Sowjetunion über 20 Mio. Tote zu beklagen, davon über 13 Mio. sowjetischer Soldaten. In Deutschland starben 5,25 Mio., darunter mehr als eine halbe Mio. Zivilisten im Luftkrieg.
- Die Zahl der durch NS-Verbrechen in Europa ums Leben gekommenen Personen wird auf mindestens 13 Mio. geschätzt.
- Der Judenvernichtung fielen über 6 Mio. Menschen zum Opfer.
- 10–12 Mio. ehemalige nach Deutschland verschleppte Kriegsgefangene und Zwangsarbeiter (**DP = displaced persons**) waren bei Kriegsende im zerstörten Deutschland unterwegs.
- Die Zahl der vertriebenen Deutschen belief sich auf 12 Mio.
- 2,27 Mio. kamen durch die Folgen von Flucht und Vertreibung ums Leben.

Das historische Erbe

Dem Verständnis der Väter und Mütter des Grundgesetzes nach hat das Deutsche Reich nicht aufgehört zu existieren, sondern nur einen neuen Namen erhalten: Bundesrepublik Deutschland.

Lange stritt man, ob der 8. Mai 1945 als Tag der „Niederlage" oder „Kapitulation" oder als „Tag der Befreiung" gelten soll. Das Schlagwort von der „Stunde null" beinhaltet allerdings mehr als die Charakterisierung des staatlichen und militärischen Endes. Es kennzeichnet die Infragestellung von bis dahin weitverbreiteten Einstellungen und Werten und beschreibt zudem die Situation physischer Not bei Kriegsende. Die Bewältigung von Alltagsproblemen und die Überwindung von Kriegsschäden rangierte bald vor der Auseinandersetzung mit Kriegsursachen und Kriegsschuld. Der Versuch einer juristischen Vergangenheitsbewältigung misslang im Wesentlichen (↗ Entnazifizierung, S. 117). In dem „Stuttgarter Schuldbekenntnis" vom Oktober 1945 sprach der Rat der Evangelischen Kirchen Deutschlands von einer kirchlichen Mitschuld. Nur vier von 27 Landeskirchen stellten sich hinter diese Erklärung.

Mit Beginn des Kalten Kriegs (↗ S. 107–108) wurden aus ehemaligen Kriegsgegnern Verbündete. In der Bundesrepublik erschien eine Auseinandersetzung mit der Vergangenheit dem Bündnis mit den Alliierten hinderlich, in der DDR ersetzte ein staatlich verordneter „Antifaschismus" die Vergangenheitsbewältigung.

Rund zwanzig Jahre nach Kriegsende hörten im Auschwitzprozess (1963–1965) in Frankfurt am Main viele zum ersten Mal in aller Öffentlichkeit und Deutlichkeit, was rund zwei Jahrzehnte lang verschwiegen, vergessen oder verdrängt worden war. Seit 1996 ist in Erinnerung an die Befreiung des Vernichtungslagers Auschwitz der 27. Januar offizieller Gedenktag in Deutschland für die Opfer des Holocaust. Die Diskussionen um das Holocaustdenkmal in Berlin, die durch den amerikanischen Buchautor Goldhagen 1996 ausgelöste Debatte über die Ursachen des Holocausts und die Kontroverse um die Wehrmachtsausstellung belegen, dass die Auseinandersetzung mit der Vergangenheit ein wichtiger Bestandteil der politischen Nachkriegskultur Deutschlands geworden ist.

Lerncheck

Kapitel „Nationalsozialismus 1933–1945“	O. K. ✓	Das muss ich noch mal lesen
Ich kann die Umstände der sogenannten Machtergreifung erklären und wesentliche Maßnahmen der politischen „Gleichschaltung“ und der Sicherung der Macht beschreiben.		S. 80–85
Ich kann Grundsätze und Formen der nationalsozialistischen Erziehung der Jugend erläutern.		S. 86, 87
Ich kann Stationen der Ausgrenzung und Entrechtung der jüdischen Bevölkerung in Deutschland benennen.		S. 88, 89, 95–97
Ich kann die wichtigsten Stationen der deutschen Außenpolitik auf dem Weg zum Zweiten Weltkrieg benennen.		S. 89–91
Ich kann die Hauptphasen des Zweiten Weltkriegs beschreiben.		S. 91–99
Ich kann Auswirkungen des Krieges auf verschiedene Bevölkerungsgruppen zusammenfassen.		S. 93–98
Ich kann den Holocaust als ein Verbrechen einmaliger Größenordnung charakterisieren.		S. 95–97
Ich kann Formen des Widerstands gegen die NS-Herrschaft benennen und einordnen.		S. 97, 98
Ich kann die Folgen des Zweiten Weltkriegs und der NS-Herrschaft beschreiben und die Frage nach dem Umgang mit der Geschichte diskutieren.		S. 99, 100

8 Ost-West-Konflikt

1950 | 1960

- 1949 NATO-Gründung
- 1950–1953 Koreakrieg
- 1955 Warschauer Pakt
- 1962 Kubakrise
- 1963–1975 Vietnamkrieg
- 1968 Prager Frühling

8.1 Anti-Hitler-Koalition

14.8.1941 US-Präsident **Roosevelt** und der britische Premierminister **Churchill** verkünden mit der Atlantikcharta gemeinsame Friedensziele: Selbstbestimmungsrecht der Völker, freier Welthandel, wirtschaftliche Zusammenarbeit, Errichtung eines allgemeinen Sicherheitssystems, Entwaffnung der Angreiferstaaten u. a.

1.1.1942 *Washingtonpakt*: 26 Staaten, darunter die Sowjetunion, bekennen sich zu den Grundsätzen der Atlantikcharta.

24.1.1943 Konferenz von Casablanca: Roosevelt und Churchill prägen die Formel von der *bedingungslosen Kapitulation*, zu der Deutschland, Italien und Japan gezwungen werden sollen.

28.11.–1.12.1943 Konferenz in Teheran: Roosevelt, Stalin und Churchill sind sich grundsätzlich über eine Aufteilung Deutschlands in Besatzungszonen einig.

4.–11.2.1945 Alliierte Kriegskonferenz in Jalta/Krim. Stalin, Roosevelt und Churchill vereinbaren in der Deutschlandfrage die Hinzuziehung Frankreichs als vierter Besatzungsmacht mit eigener Zone.

1980	1990
1975 KSZE-Konferenz; 1979 NATO-Doppelbeschluss	1991 Auflösung des Warschauer Pakts

12.5.1945 Churchill spricht in einem Telegramm an den US-Präsidenten Truman von einem **Eisernen Vorhang**, der längs der russischen Front in Europa niedergegangen sei.

17.7.–2.8.1945 **Potsdamer Konferenz:** Die *Großen Drei* (USA, Sowjetunion und Großbritannien) einigen sich, zu gegebener Zeit eine gesamtdeutsche Zentralverwaltung einzurichten. Für die USA sitzt der neue US-Präsident Harry S. **Truman** als Nachfolger des im April verstorbenen Roosevelt am Konferenztisch. Großbritannien ist durch Churchill vertreten, der allerdings auf dem Höhepunkt der Konferenz eine Wahlniederlage im eigenen Land erleidet und durch den Führer der siegreichen Labour Party Clement **Attlee** ersetzt wird.

Die wichtigsten Bestimmungen der Potsdamer Konferenz:

- **Grenzregelungen:** Übergabe des nördlichen Ostpreußens an die UdSSR, Unterstellung weiterer Gebiete östlich der Oder-Neiße-Linie unter polnische Verwaltung
- **Ausweisung** (Vertreibung) der deutschen Bevölkerung aus Osteuropa und den deutschen Ostgebieten
- **Entschädigungszahlungen**, vor allem an die UdSSR

- **Verwaltung** des besetzten Deutschlands durch den Rat der Außenminister bzw. durch den alliierten Kontrollrat
- Beibehaltung der **wirtschaftlichen Einheit** Deutschlands
- Völlige Abrüstung und **Entmilitarisierung** Deutschlands
- **Entnazifizierung** (↗ S. 117) und Umgestaltung des politischen Lebens in Deutschland auf demokratischer Grundlage

Josef W. Stalin, 1879–1953

Stalin wurde nach der Oktoberrevolution zunächst Volkskommissar für Nationalitätenfragen, ab 1922 war er Generalsekretär des Zentralkomitees. Nach Lenins (↗ S. 63) Tod konzentrierte er alle Macht in seinen Händen. In verschiedenen *Säuberungswellen* stützte sich Stalin auf den Parteiapparat und die Geheimpolizei. Vermeintliche oder tatsächliche Gegner wurden verhaftet, es folgten Schauprozesse, Verschleppungen in Arbeitslager und Massenerschießungen. Zwischen 1936 und 1952 sind etwa zwölf Mio. Menschen in sowjetischen Arbeits- und Strafgefangenenlagern umgekommen.

In der Außenpolitik gelang es Stalin, die Isolation der Sowjetunion zu überwinden. 1934 wurde die UdSSR Mitglied im Völkerbund, 1939 schloss er mit Hitler einen Nichtangriffspakt (↗ S. 91). Er ignorierte die Warnungen vor einem drohenden Überfall Deutschlands. Um den Machtbereich und seine Interessen zu sichern, warf er in den Verhandlungen auf den Kriegskonferenzen mit Roosevelt und Churchill (↗ Anti-Hitler-Koalition, S. 102–103) die Lasten der Sowjetunion im Landkrieg als politisches Argument in die Waagschale. Nach dem Krieg wurde das stalinistische System (Stalinismus, S. 104–105) auf Osteuropa ausgeweitet. 1952 schlug er den Westmächten einen Friedensvertrag mit Deutschland vor (↗ Stalinnote, S. 128). Auf der Basis eines neutralen Deutschlands sollte die Wiedervereinigung stattfinden. Nach seinem Tod erfolgte eine Abkehr von seiner Herrschaftsweise (**Entstalinisierung**).

▶ STALINISMUS

Die Kommunistische Partei der Sowjetunion (KPdSU) verkörperte die Diktatur Stalins. Die Volksvertretungen (↗ Sowjets, S. 63–64) wurden nicht von der Bevölkerung gewählt, sondern von der Partei eingesetzt. Diese beherrschte ebenso die Staatsverwaltung, die Justiz und die Massenorganisationen, die straff zentralistisch aufgebaut waren. Zudem besaß die Parteiführung das Monopol der Meinungsbildung und verkündete „ewige Wahrheiten". Den **Stalinismus** kennzeichneten ferner das Fehlen jeder politischen Freiheit und Diskussion in Gesellschaft, Staat und Partei, Militarisierung und Reglementierung aller Lebensbereiche sowie die Ausschaltung der Grundrechte der Bürger.

8.2 Gründung der Vereinten Nationen (UNO)

- **Aug.–Okt. 1944** Beratungen der Vertreter der USA, Großbritanniens, Chinas und der Sowjetunion über eine Nachfolgeorganisation des Völkerbundes. Der endgültige Beschluss wird auf der Konferenz von Jalta gefasst.
- **26.6. 1945** Unterzeichnung der UN-Charta durch 51 Mitgliedsstaaten in San Francisco
- **10.1. 1946** Erste Sitzung der Generalversammlung der Vereinten Nationen in London
- **18.9.1973** Die Bundesrepublik Deutschland und die DDR werden nach Abschluss des Grundlagenvertrages (↗ S. 129) Mitglieder der Vereinten Nationen.

BEISPIEL **Supranationale Organisationen – UNO**
Supranationale Organisationen sind Einrichtungen, in denen Staaten auf vertraglicher Grundlage zusammenarbeiten. Die größte supranationale Einrichtung ist die UNO (United Nations Organization) oder auch Vereinte Nationen genannt. In ihrer Gründungscharta setzte sie sich das Ziel, den Weltfrieden und die internationale Sicherheit zu wahren und eine internationale Zusammenarbeit herbeizuführen, um internationale Probleme zu lösen. Als Vorbild diente der nach dem Ersten Weltkrieg in Genf gegründete Völkerbund, der allerdings gescheitert war, weil er zu wenig Machtmittel besessen hatte und weil wichtige Staaten

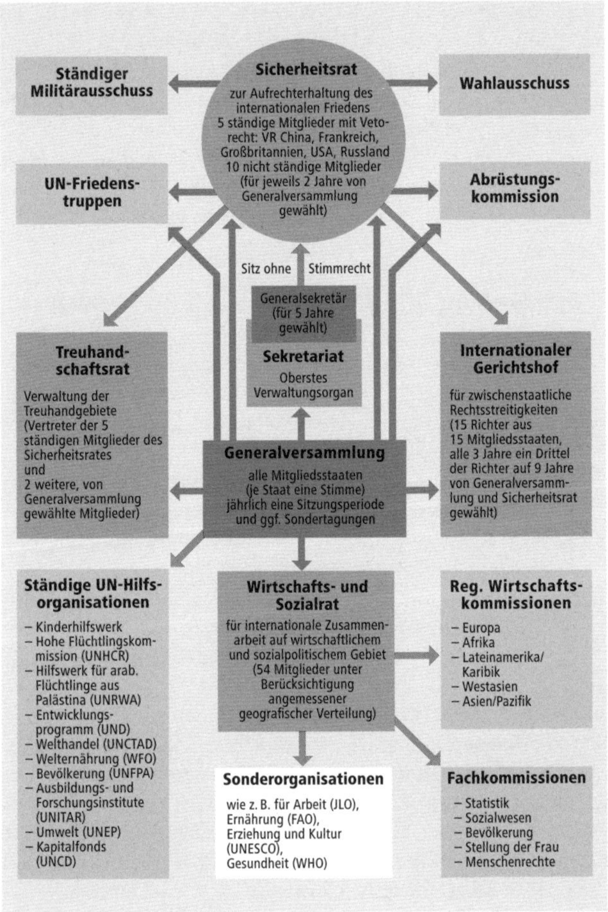

Struktur der UNO

(wie die USA) nicht Mitglied waren. Die Vereinten Nationen haben ihren ständigen Sitz in New York. Zurzeit sind 193 Nationen Mitglied in der Vollversammlung.
In der UNO wird zurzeit über Reformen nachgedacht: Aufbrechen verkrusteter Strukturen, neue Mitgliedschaften usw.

8.3 Der Weg in den Kalten Krieg

- **4.5.1946** US-Militärgouverneur in Deutschland, General Lucius D. **Clay**, ordnet die Einstellung von Reparationsleistungen aus der US-Zone in die Sowjetunion an, weil im Tausch die Lebensmittellieferungen aus der sowjetischen Zone ausbleiben. Die auf der Potsdamer Konferenz (↗ S. 103–104) vereinbarte wirtschaftliche Einheit Deutschlands wird hinfällig.
- **Jan. 1947** US-Außenminister George C. **Marshall** signalisiert den Übergang von einer *Politik der Geduld* gegenüber der UdSSR zur *Politik der Eindämmung (Containment).*
- **12.3.1947** Präsident Truman verlangt vor dem amerikanischen Kongress die Bereitstellung finanzieller Mittel für Griechenland (Bürgerkrieg mit den Kommunisten) und für die Türkei sowie die Entsendung militärischen Fachpersonals und sagt der USA Hilfe zu „für die in ihrer Freiheit bedrohten Völker" (**Trumandoktrin**).
- **6.6.1947** Der amerikanische Außenminister verkündet ein europäisches Wiederaufbauprogramm (**Marshallplan**). Die kommunistisch regierten Länder Osteuropas gründen daraufhin 1949 den Rat für gegenseitige Wirtschaftshilfe (**RGW**).
- **Nov./Dez. 1947** Außenministerkonferenz in London wird ohne Einigung vorzeitig abgebrochen.
- **20.3.1948** Der sowjetische Marschall Sokolowski verlässt den Alliierten Kontrollrat für Deutschland, der damit faktisch seine Arbeit einstellt.

▶ KALTER KRIEG

Der Begriff **Kalter Krieg** bezeichnet die politische Konfrontation von Staaten ohne Waffengewalt. Unterhalb der direkten Kriegsschwelle werden in der Auseinandersetzung diplomatische, wirtschaftliche (z. B. Berlinblockade, ↗ unten) und propagandistische Maßnahmen getroffen.

- **26.6.1948** **Berlinblockade:** Die Sowjetunion sperrt die Versorgung Westberlins. Auslöser ist die Währungsreform in Westdeutschland. Bis zum 12.5.1949 wird die Stadt mit allem Lebensnotwendigen durch die Alliierten über eine Luftbrücke versorgt.
- **4.4.1949** Abschluss des Nordatlantikpakts **NATO** (North Atlantic Treaty Organization) in Washington. Gründungsmitglieder dieses Militärbündnisses sind: Belgien, Dänemark, Frankreich (Austritt aus dem militärischen Teil 1966), Großbritannien, Island, Italien, Kanada, Luxemburg, die Niederlande, Norwegen, Portugal und die USA. 1955 tritt die Bundesrepublik bei (↗ Koreakrieg, S. 108–109).
- **1949** Die Sowjetunion wird Atommacht.
- **1952** Die USA zünden eine Wasserstoffbombe, die Sowjetunion folgt ein Jahr später.
- **14.5.1955** **Warschauer Pakt:** Im Gegenzug zur Gründung der NATO schließen die UdSSR, Albanien (Austritt 1968), Bulgarien, Polen, Rumänien, die ČSSR und Ungarn ein Militärbündnis. 1956 tritt die DDR offiziell dem Bündnis bei.

8.4 Zwischen Konfrontation und Kooperation

BEISPIEL **Koreakrieg 1950–1953**

Korea, von 1910 bis 1945 eine Kolonie Japans, wurde nach der Niederlage Japans im Zweiten Weltkrieg gemäß einer Absprache

der Siegermächte USA und UdSSR in zwei Besatzungszonen nördlich und südlich des 38. Breitengrades aufgeteilt. 1950 überschritten die von der Sowjetunion unterstützten Truppen Nordkoreas die Grenzlinie, um das Land unter kommunistischer Herrschaft zu einigen.
Die USA griffen in den Konflikt ein. Der Einsatz wurde vom UN-Sicherheitsrat nachträglich gebilligt, wobei die amerikanischen Truppen UN-Status erhielten. Nach der Zurückdrängung Nordkoreas erstarrten die Kampfhandlungen in einem Stellungskrieg. In einem Waffenstillstandsabkommen 1953 wurde erneut eine Grenze festgelegt, die sich am 38. Breitengrad orientierte. Aus Furcht vor einer ähnlichen Situation in Mitteleuropa erfolgte die Zustimmung der Westmächte zur Wiederaufrüstung der Bundesrepublik und deren Beitritt zur NATO. Dem ging eine internationale Diskussion um den westdeutschen Wehrbeitrag ab 1950 voraus.

- **1956** Sowjetische Panzerdivisionen schlagen den Volksaufstand in Ungarn nieder.
- **1957** *Sputnikschock:* Der Start des Satelliten Sputnik deutet eine Überlegenheit der sowjetischen Raketentechnik an. In der Folge kommt es zu einem verschärften Rüstungswettlauf zwischen den beiden Supermächten.
- **1961** **Mauerbau** in Berlin
- **1962** **Kubakrise:** Aufgrund der Errichtung sowjetischer Raketenbasen auf Kuba kommt es zu Spannungen zwischen den USA und der UdSSR, die zu einem Weltkrieg zu eskalieren drohen. US-Präsident **Kennedy** verhängt eine Seeblockade gegen Kuba und verlangt ultimativ den Abbau der Raketenanlagen. Die UdSSR lenkt im letzten Moment ein.
- **1963** USA und Sowjetunion beschließen die Einstellung von Kernwaffenversuchen. Errichtung einer ständigen Telefonleitung zwischen dem Moskauer Kreml und dem Weißen Haus in Washington.

▶ PRAGER FRÜHLING

Anfang 1968 wurde in der Tschechoslowakei Alexander **Dubček** neuer Parteichef. Er leitete ein Reformprogramm ein, das einen „Sozialismus mit menschlichem Antlitz" schaffen wollte (Prager Frühling). Im August 1968 marschierten Truppen der Sowjetunion mit Unterstützung aus Polen, Ungarn, Bulgarien und der DDR in die ČSSR ein, um dem **Prager Frühling** ein Ende zu setzen. Die Bevölkerung reagierte mit einem erfolglosen Widerstand. Das Reformprogramm wurde zurückgenommen, Dubček wurde im Folgejahr als Parteichef abgelöst. Der sowjetische Parteichef Breschnew rechtfertigte den Einmarsch mit dem Hinweis auf die Beschränkung der Souveränität der sozialistischen Staaten bei Bedrohung des sozialistischen Weltsystems (**Breschnewdoktrin**).

- **1972** USA und Sowjetunion verkünden eine Begrenzung der strategischen Rüstung (SALT-I-Abkommen).
- **1963–1975** **Vietnamkrieg:** In dem seit 1954 geteilten Land stellen sich die USA auf die Seite der südvietnamesischen Regierung. Nordvietnam, China und die Sowjetunion unterstützen die südvietnamesische Widerstandsbewegung Vietcong. 1973 ziehen die USA ihre Truppen zurück. Der Einsatz und die Kriegführung werden auch im eigenen Land heftig kritisiert.
- **1975** Konferenz über Sicherheit und Zusammenarbeit in Europa (**KSZE**) in Helsinki: 33 europäische Staaten, die USA und Kanada beschließen *vertrauensbildende Maßnahmen* im militärischen Bereich und die Beachtung der Menschenrechte.
- **1979–1988** **Afghanistankrieg:** Die sowjetische Armee marschiert in Afghanistan ein. Die von den Sowjets eingesetzte afghanische Regierung kann sich gegen die muslimischen Rebellen nicht durchsetzen. Nach dem Truppenabzug der Sowjets geht der Bürgerkrieg weiter.

1979 **NATO-Doppelbeschluss:** Die NATO-Staaten beschließen, dem Warschauer Pakt Verhandlungen über den Abbau der Mittelstreckenraketen anzubieten. Bei Misserfolg der Verhandlungen soll eine Nachrüstung mit neuen atomaren Waffensystemen (Pershing II, Cruise Missile) vorgenommen werden.

1980 In Danzig (Polen) wird die unabhängige Gewerkschaft **Solidarność** (Solidarität) gegründet. An ihre Spitze tritt Lech **Walesa**. Wegen der wochenlang anhaltenden Streiks und Unruhen stürzt der kommunistische Parteichef Edward Gierek.

1981 In Polen übernimmt Ministerpräsident General Jaruzelski auch das Amt des Parteichefs. Er verhängt den Kriegszustand über das Land. Die Gewerkschaft Solidarność wird verboten, ihr Führer Lech Walesa inhaftiert.

1987 Die USA und die Sowjetunion stimmen überein, die nuklearen Mittelstreckenraketen in Europa zu vernichten.

Nov. 1990 Gipfeltreffen der 34 KSZE-Staaten: Charta von Paris für ein neues Europa

25.2.1991 Der Warschauer Pakt löst sich auf (↗ Ende der Sowjetunion, S. 111–114).

8.5 Reformpolitik Gorbatschows und Ende der Sowjetunion

März 1985 Michail **Gorbatschow** wird zum Generalsekretär der Kommunistischen Partei der Sowjetunion (KPdSU) gewählt.

1986 Reaktorunglück in **Tschernobyl** (Ukraine); Strahlenverseuchung in der westlichen UdSSR und in Osteuropa

1987 Gorbatschow deutet erstmals die Aufgabe der **Breschnewdoktrin** an; Beginn des Abzugs der sowjetischen Armee aus Afghanistan

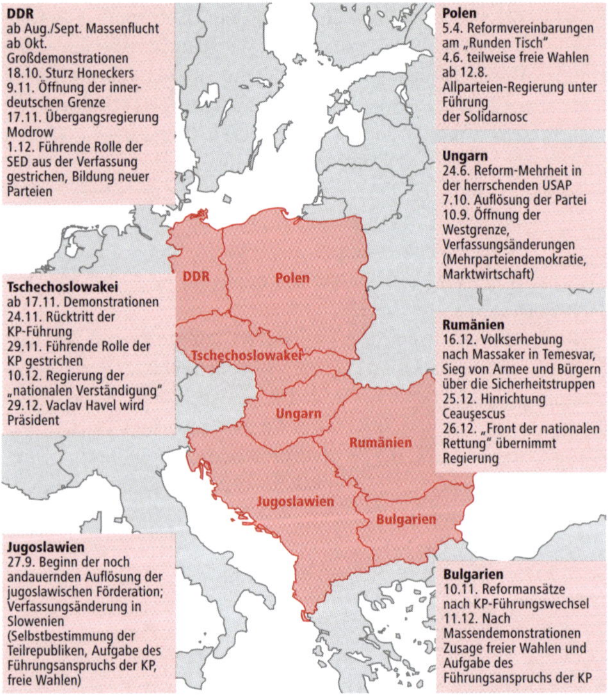

Demokratische Revolution in Osteuropa, 1989

- **Jan. 1988** Unternehmensgesetz tritt in Kraft: volle wirtschaftliche Rechnungsführung sowie Eigenverantwortlichkeit der Unternehmen.
- **Okt. 1988** Wahl Gorbatschows zum Staatsoberhaupt
- **1990** Gorbatschow erhält den Friedensnobelpreis. Wegen der angespannten Lage nimmt er ihn jedoch nicht persönlich entgegen.
- **Juni 1991** Boris **Jelzin** wird Präsident Russlands.

▶ GLASNOST / PERESTROIKA

Beide Begriffe bildeten die zentralen Parolen im Reformprogramm Gorbatschows. Mit **Glasnost** wurde eine neue gesellschaftliche Offenheit propagiert. Dazu lockerte die KPdSU 1986 unter anderem die Zensur. **Perestroika** bedeutet Wandlung. Durch Reformen in Verwaltung und Wirtschaft sollte die allgemeine Krise der Sowjetunion überwunden werden.
Ungewollt leitete Gorbatschow mit seinem Reformprogramm jedoch den Zusammenbruch des Kommunismus ein. Der sowjetische Vielvölkerstaat zerfällt. 1990 erklären sich zuerst Litauen, dann Estland und Lettland für unabhängig. Zwischen 1989 und 1991 verlieren die kommunistischen Parteien in Polen, Ungarn, der Tschechoslowakei, Rumänien, Jugoslawien und Bulgarien ihre Alleinherrschaft.

- **Aug. 1991** Teile der KPdSU versuchen in Moskau zu putschen und zwingen Gorbatschow zum Rücktritt als Generalsekretär.
- **Dez. 1991** Elf von fünfzehn Teilstaaten schließen sich zur **Gemeinschaft Unabhängiger Staaten (GUS)** zusammen und erklären die Sowjetunion offiziell für aufgelöst. Gorbatschow tritt als Staatspräsident der UdSSR zurück.
- **1993** Ein Putsch kommunistischer Gegner Jelzins wird niedergeschlagen.
- **1995** Die Postkommunisten erhalten bei den russischen Parlamentswahlen die meisten Stimmen.
- **1996** Präsident Jelzin wird im zweiten Wahlgang mit klarer Mehrheit vor KP-Chef Sjuganow wiedergewählt.
- **1998** Jelzin entlässt den jungen Ministerpräsidenten Kirijenko. Mit seinem Vorschlag, dessen Vorgänger Tschernomyrdin erneut zu berufen, scheitert er jedoch in der Duma. Der Machtverfall Jelzins wird immer deutlicher.
- **9.8.1999** Jelzin entlässt Stepaschin und ernennt Wladimir **Putin**, bisher Geheimdienstchef und Sekretär des Sicherheitsrats, zum geschäftsführenden Ministerpräsidenten.

Zugleich schlägt er Putin der Duma als neuen Ministerpräsidenten vor und bezeichnet ihn als seinen designierten Nachfolger im Präsidentenamt.

31.12.1999 Jelzin erklärt in der Neujahrsansprache seinen Rücktritt und ernennt Ministerpräsident Putin für die Zeit bis zu den nächsten Neuwahlen zum amtierenden Präsidenten.

2000–2008 Wladimir Putin russischer Präsident

2.3.2008 Der von Putin explizit unterstützte Dmitri A. Medwedew wird zum neuen Präsidenten Russlands gewählt. Putin, der nach der russischen Verfassung nach zwei Amtsperioden nicht erneut als Präsidentschaftskandidat antreten darf, wird Ministerpräsident.

Lerncheck

Kapitel „Ost-West-Konflikt“	O. K. ✓	Das muss ich noch mal lesen
Ich kann wichtige Ziele und Vereinbarungen der Anti-Hitler-Koalition beschreiben.		S. 102, 103
Ich kann die Gründung der Vereinten Nationen historisch einordnen und wichtige Aufgaben der UNO benennen.		S. 105–107
Ich kann Stationen und Konflikte auf dem Weg in den Kalten Krieg aufzeigen.		S. 107, 108
Ich kann die Rolle der USA und der Sowjetunion und deren gegenseitige Abhängigkeit für die Weltpolitik erklären.		S. 107–111
Ich kann wichtige Krisen in der Zeit des Kalten Krieges benennen.		S. 108–111
Ich kann die Bedeutung der Entspannungspolitik für Konfliktabbau und Friedenssicherung erläutern.		S. 110–113
Ich kann das Ende der Sowjetunion aufzeigen und die Folgen für Osteuropa und die internationale Politik wiedergeben.		S. 111–113

9 Deutschland nach 1945

	1950		1960	
1946 SED-Gründung	1949 Staatsgründungen BRD und DDR		1961 Berliner Mauer	1966–19 Große Koalition

9.1 Besatzungsherrschaft und Neuaufbau

Alltagsprobleme

BEISPIEL Schwarzmarkt

In den ersten Nachkriegsjahren war die Versorgungslage sehr angespannt. An die Bevölkerung wurden Lebensmittelkarten ausgegeben. Die zugeteilten Nahrungsmittel deckten jedoch nur die Hälfte eines durchschnittlichen täglichen Kalorienbedarfs. Gegen viel Geld, Zigaretten oder im Tausch Ware gegen Ware war es möglich, Butter, Brot, Kartoffeln und andere Lebensmittel auf dem Schwarzmarkt zu erstehen. Auch sogenannte Hamsterfahrten aufs Land wurden unternommen.

11.6.1945 Gründung der Kommunistischen Partei Deutschlands (KPD) in Berlin; es folgen die Sozialdemokratische Partei Deutschlands (SPD) und die Christlich-Demokratische Union (CDU). Die Liberalen der Westzonen gründen 1948 die überregionale Freie Demokratische Partei (FDP).

ab Juli 1945 „Reorientierungsseminare" für Lehrer; Schulbücher werden meist durch alte aus der Weimarer Republik ersetzt.

1980 | 1990

1972 Grundlagenvertrag

1974 Brandt Bundeskanzler

1982 Kohl Bundeskanzler

1989/90 Maueröffnung, Wiedervereinigung

19.9.1945 Bildung der Länder Bayern, Hessen und Württemberg-Baden durch Proklamation der US-Regierung. In der britischen Zone entsteht im November 1946 das Land Niedersachsen.

▶ ENTNAZIFIZIERUNG

Ziel der **Entnazifizierung** war die Zerstörung aller NS-Organisationen und die Ausschaltung von Nationalsozialisten aus allen Schlüsselpositionen. Zu diesem Zweck mussten zahlreiche Deutsche Auskunft über ihre Vergangenheit im „Dritten Reich" geben. Die von der Entnazifizierung Betroffenen wurden in fünf Gruppen eingestuft: Hauptschuldige (Kriegsverbrecher), Belastete, Minderbelastete, Mitläufer und Entlastete. In den Westzonen wurden 98 % der ca. 6 Mio. Betroffenen als Mitläufer eingestuft. In der sowjetischen Besatzungszone nutzten die Sowjets 1948 die Entnazifizierung, um unliebsame Personen zu entfernen. Im Westen endete das Verfahren 1949/50.

Kriegsverbrecherprozesse

BEISPIEL **Nürnberger Prozess**

Die **Kriegsverbrecherprozesse** waren wie die Entnazifizierung auf der Konferenz von Potsdam beschlossen worden. Das bekannteste Verfahren war der **Nürnberger Prozess**. Dort wurden 1946 gegen zwölf Hauptschuldige Todesurteile verhängt, u. a. gegen Hermann **Göring** und den ehemaligen Reichsaußenminister von Ribbentrop. Es schlossen sich zwölf *Nachfolgeprozesse* gegen Diplomaten, Militärs, Wirtschaftsführer, Juristen an.

9.2 Entstehung der beiden deutschen Staaten

BRD	DDR
April–Juli 1946 Außenministerkonferenz in Paris: Byrnes (USA) fordert den Zusammenschluss der vier Zonen; Molotow (UdSSR) kritisiert die westliche Besatzungspolitik und wiederholt die Forderung nach 10 Mrd. Dollar Reparationen und Vier-Mächte-Kontrolle des Ruhrgebiets.	
	Herbst 1945 Bodenreform: Alle Güter über 100 Hektar werden enteignet.
1. 1. 1947 Die amerikanische und die britische Besatzungszone schließen sich zu einem Wirtschaftsgebiet (**Bizone**) zusammen.	22. 4. 1946 KPD und SPD schließen sich unter Druck der Sowjetunion zur SED zusammen.
20. 6. 1948 **Währungsreform** in den drei Westzonen.	22. 6. 1948 Währungsreform in der SBZ.
1948/49 Der Parlamentarische Rat erarbeitet das **Grundgesetz**.	Ab Sommer 1948 Umwandlung der SED: Die Parität zwischen Sozialdemokraten und Kommunisten bei der Besetzung der Parteigremien wird aufgehoben.
	22. 10. 1948 Dem Volksrat wird ein Verfassungsentwurf vorgelegt.
8. 4. 1949 Mit dem Beitritt der französischen Zone Erweiterung der Bizone zur **Trizone**.	
24. 5. 1949 Das Grundgesetz tritt in Kraft.	
14. 8. 1949 Wahlen zum ersten Deutschen Bundestag	7. 10. 1949 Die DDR wird gegründet.

9.3 Bundesrepublik Deutschland

- **12.9.1949** Die Bundesversammlung wählt Theodor **Heuss** zum Bundespräsidenten.
- **15.9.1949** Der Bundestag wählt Konrad **Adenauer** zum Bundeskanzler.

Konrad Adenauer, 1876–1967
Adenauer war Mitglied der katholischen Zentrumspartei und von 1917 bis 1933 Oberbürgermeister von Köln. Nach der nationalsozialistischen Machtübernahme wurde er entlassen und in den letzten Kriegsmonaten zeitweilig von der Gestapo inhaftiert. Nach Kriegsende war er Mitbegründer der CDU. Er übernahm zunächst das Amt des Vorsitzenden der CDU in der britischen Zone, später im Bund. 1948/49 war er Präsident des Parlamentarischen Rats. 1949 wurde er erster Bundeskanzler der Bundesrepublik. Es folgten drei weitere Amtszeiten bis zu seinem Rücktritt 1963. Von 1951 bis 1955 übernahm er zugleich das Außenministeramt. Die Politik der Bundesrepublik prägte er maßgeblich, sodass man von einer *Ära Adenauer* spricht. Sein Ziel war es, die Bundesrepublik eng an den Westen zu binden. Er erreichte die Aussöhnung mit Frankreich, die Aufnahme in die NATO und den Aufbau der Bundeswehr.

▶ SOZIALE MARKTWIRTSCHAFT

In Westdeutschland setzte sich nach dem Zweiten Weltkrieg das **Prinzip der sozialen Marktwirtschaft** durch. Im Gegensatz Planwirtschaft (↗ S. 125) und zur ungezügelten Marktwirtschaft greift hier der Staat in die Wirtschaft ein, um zum einen den wirtschaftlichen Wettbewerb zu garantieren, zum anderen um unsoziale Folgen rein marktwirtschaftlichen Handelns zu verhindern. Artikel 20 des Grundgesetzes bezeichnet die Bundesrepublik Deutschland als Sozialstaat. Eine Folge des Verfassungsgebotes ist die Sozialgesetzgebung, die die Bürgerinnen und Bürger der BRD davor bewahren soll, alleingelassen zu werden, wenn sie nicht aus eigener Kraft für ihren Lebensunterhalt sorgen können. Das Prinzip und der Erfolg der sozialen Marktwirtschaft in der BRD ist mit dem Namen Ludwig **Erhard** verbunden. Während seiner Zeit als Wirtschaftsminister (1949–1963) erlebte die BRD einen beispiellosen Wirtschaftsaufschwung (*Wirtschaftswunder*).

▶ STAATLICHE SOUVERÄNITÄT

Die höchste unabhängige Herrschafts- und Entscheidungsgewalt eines Staates wird **Souveränität** genannt. Dazu gehört, dass ein Staat seine Verfassung und das Rechtssystem frei und unabhängig gestalten kann sowie die Richtlinien in der Innen- und Außenpolitik selbst bestimmt. Die Bundesrepublik Deutschland erlangte schrittweise ihre volle Souveränität. Das Petersberger Abkommen (1949) regelte den Zugang der BRD zu internationalen Organisationen, wie dem Europarat, die Wiederaufnahme der Handels- und diplomatischen Beziehungen zu Staaten des Westens und das Ende der Demontagen in wichtigen Branchen. Die **Pariser Verträge** (1954) beendeten das Besatzungsregime in Westdeutschland und schufen die Voraussetzung für einen Beitritt zur NATO. Für Berlin blieben weiterhin gewisse Vorbehaltsrechte der Alliierten bis zur Wiedervereinigung auf der Basis des Zwei-plus-Vier-Vertrags (↗ S. 130) 1990 bestehen.

- **1.1.1957** Das Saargebiet wird elftes Bundesland.
- **1963** Ludwig Erhard (CDU) löst Adenauer als Bundeskanzler ab.
- **1966–1969** Große Koalition aus SPD und CDU unter Bundeskanzler Kurt Georg **Kiesinger** (CDU)
- **1967/68** Studentendemonstrationen: Als der Bundestag für die **Notstandsgesetze** stimmt, kommt es zu großen Protesten. Vor allem Studenten wehren sich dagegen, dass der Staat im Krisenfall mehr Macht bekommt und Grundrechte eingeschränkt werden können. Auch richten sich die *Proteste der außerparlamentarischen Opposition (APO)* gegen den Krieg der USA in Vietnam.

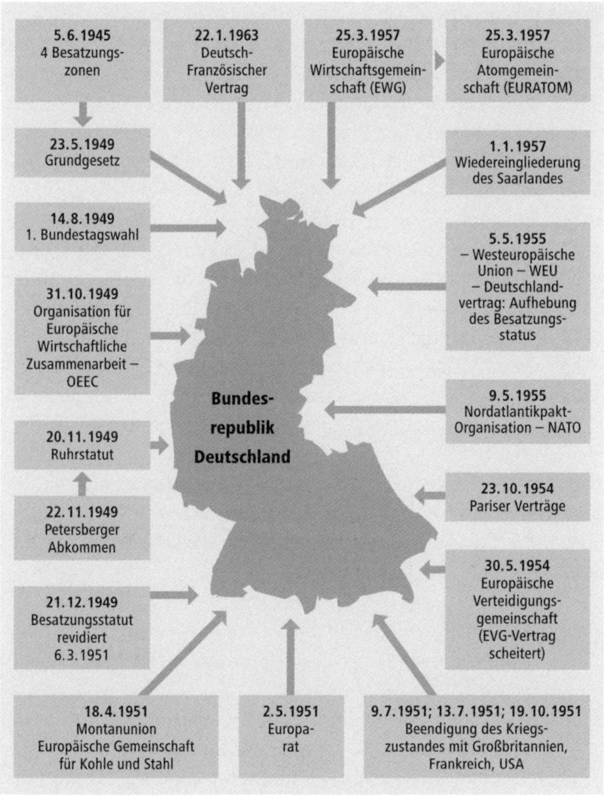

Vom alliierten Besatzungsstatut zur Souveränität der BRD

- **1969** SPD/FDP-Koalition unter Bundeskanzler Willy **Brandt** (SPD)
- **1970** Deutsch-deutsche Begegnungen zwischen Bundeskanzler Brandt und DDR-Ministerpräsident Stoph in Erfurt (März) und Kassel (Mai).

9

▶ OSTPOLITIK

Unter der Regierung Brandt geschah eine vorsichtige Öffnung nach Osten der bis dahin ausschließlich nach Westen ausgerichteten Außenpolitik. Die Ergebnisse waren der Moskauer Vertrag (1970), der Warschauer Vertrag (1970), der Grundlagenvertrag mit der DDR (1972, ↗ S. 129) und der Prager Vertrag (1973).

- Im Moskauer Vertrag werden ein gegenseitiger Gewaltverzicht und die Anerkennung der Grenzen ausgesprochen.
- Auch im deutsch-polnischen Vertrag werden die bestehenden Grenzen anerkannt und ein Gewaltverzicht ausgesprochen.
- Im Prager Vertrag kommen die BRD und die Tschechoslowakei überein, das Münchener Abkommen (↗ S. 90) von 1938 als „nichtig" zu erklären und die bestehenden Grenzen als unverletzlich zu betrachten.

Durch die Politik eines *Wandels durch Annäherung* werden die wesentlichen Bausteine einer **Entspannungspolitik** geschaffen. Gegen den Grundlagenvertrag erhob die Bayerische Staatsregierung vergeblich Verfassungsklage.

27.4.1972 Ein konstruktives Misstrauensvotum der Opposition von CDU/CSU gegen Bundeskanzler Willy Brandt scheitert.

17.5. 1972 Bei Stimmenthaltung der meisten Abgeordneten von CDU und CSU werden der Moskauer und der Warschauer Vertrag vom Deutschen Bundestag gebilligt.

19.11.1972 Bei den Bundestagswahlen wird das sozialliberale Regierungsbündnis bestätigt. Die SPD wird erstmals stärkste Partei.

1974 Willy Brandt tritt als Bundeskanzler zurück. Offizielle Begründung ist die Guillaume-Spionage-Affäre. Helmut **Schmidt** (SPD) wird Brandts Nachfolger.

5.9.1977 Entführung des Arbeitgeberpräsidenten Hanns-Martin Schleyer.

- **13.–18.10.1977** Entführung und anschließende Befreiung einer Lufthansamaschine durch ein Sonderkommando des Bundesgrenzschutzes (GSG 9) in Mogadischu/Somalia. Mord an Schleyer und Selbstmord der in Stuttgart-Stammheim einsitzenden Terroristen der **Roten-Armee-Fraktion** (RAF) Andreas Baader, Gudrun Ensslin, Ulrike Meinhof und Jan-Carl Raspe.
- **1980** Gründung der Partei **Die Grünen**
- **1982** Regierungswechsel: Die christlich-liberale Koalition (CDU/CSU und FDP) unter Helmut **Kohl** (CDU) löst Bundeskanzler Schmidt ab.

▶ ÖKOLOGIEBEWEGUNG / FRIEDENSBEWEGUNG

1973 stieg der Ölpreis (Ölpreisschock) dramatisch, als die Organisation der erdölexportierenden Länder (OPEC) die Fördermenge drosselte. Neben einem Autofahrverbot an vier Sonntagen setzte die Bundesregierung zur Energiesicherung verstärkt auf Kernkraft, wogegen sich Widerstand regte. Es entstanden Bürgerinitiativen, die sich verstärkt um die Belange des Umweltschutzes kümmerten. Die Gefahren der Atomenergie, die Verunreinigungen der Luft, des Wassers und des Bodens und das rasch fortschreitende Waldsterben waren Themen, die auf einmal von einer breiten Öffentlichkeit registriert wurden. Die Gründung der Partei Die Grünen resultierte aus dem Bestreben, die Erhaltung der natürlichen Lebensgrundlagen der Menschen zu einem vorrangigen politischen Thema zu machen.

9

Als Reaktion auf den NATO-Doppelbeschluss (↗ S. 111) formierte sich Anfang der 80er-Jahre in der Bevölkerung in den westlichen Staaten eine politische Massenbewegung, die auf Friedenssicherung durch Rüstungskontrolle und Abrüstung drängte. An den großen Demonstrationen (1981–1983) in Bonn nahmen mehrere Hunderttausend Menschen teil.

9.4 Deutsche Demokratische Republik

25.7.1950 Das Zentralkomitee der SED wählt Walter **Ulbricht** zum Generalsekretär der Partei.

▶ SED (SOZIALISTISCHE EINHEITSPARTEI DEUTSCHLANDS)

Die Gründung der **SED** geht auf den Zusammenschluss von KPD und SPD in Berlin im April 1946 zurück. Die neue Partei war auf Betreiben der Kommunisten und mit Unterstützung der Militärverwaltung in der sowjetischen Zone zustande gekommen. Bald setzten sich die Kommunisten durch, und die Partei durchlief

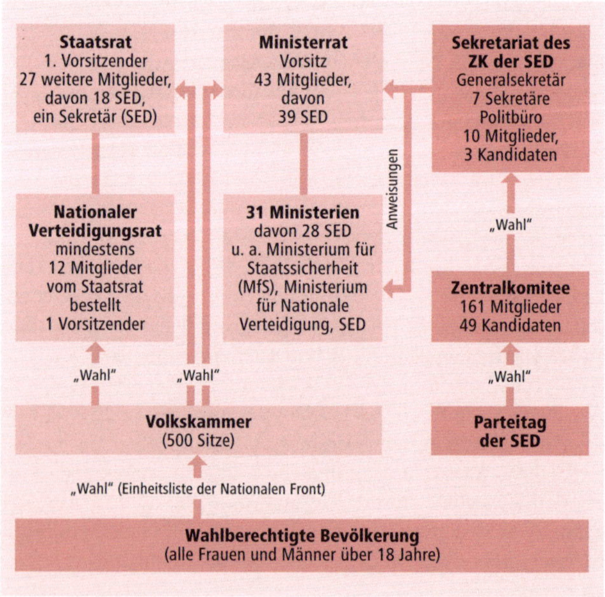

Staatsorgane der DDR

den Prozess der Stalinisierung (↗ S. 104–105). In der DDR war die SED die Staatspartei, die das politische und gesellschaftliche Leben dominierte. Alle wichtigen Entscheidungen fielen in den SED-Gremien, vornehmlich im Politbüro. Die Partei führte den Staatsapparat und die Justiz, plante, lenkte und überwachte die gesamte Wirtschaft. Im 20-köpfigen Politbüro war der Generalsekretär die stärkste Person.

23.7. 1952 Zur „Stärkung der Staatsmacht" werden die fünf Länder der DDR (Mecklenburg, Brandenburg, Sachsen-Anhalt, Thüringen und Sachsen) aufgelöst und an ihrer Stelle vierzehn Verwaltungsbezirke eingerichtet.

17.6. 1953 Der Volksaufstand in Ostberlin und der DDR wird von der Sowjetarmee niedergeschlagen. Zuvor war es zu Protesten gegen die Heraufsetzung der Arbeitsnormen gekommen (↗ Planwirtschaft). Das ZK behauptet im Anschluss, der Aufstand sei ein von Westberlin aus gelenkter „faschistischer Putsch" gewesen.

▶ PLANWIRTSCHAFT

Damit bezeichnet man ein Wirtschaftssystem, in dem eine zentrale Behörde Pläne für die Volkswirtschaft aufstellt, ihre Durchführung anordnet und deren Erfüllung kontrolliert. In den sozialistischen Staaten erfolgten die Vorgaben zumeist in 5-Jahres-Plänen. Dieses Prinzip der **Planwirtschaft** wurde in der DDR im Laufe der Jahre aufgeweicht, da es oft Schwierigkeiten in der Praxis gab.

1955 Die DDR wird Gründungsmitglied der Warschauer-Pakt-Organisation, dem militärischen Gegenbündnis zur NATO.

20.9. 1955 Die DDR wird souverän, auch in ihren Beziehungen zur Bundesrepublik, und erhält die Kontrolle über Land- und Wasserwege nach Westberlin – abgesehen vom Verkehr der drei Westmächte.

9

- **1956** Gründung der *Nationalen Volksarmee (NVA)*
- **1.10.1959** Die Volkskammer ändert die Staatsflagge der DDR, um die Eigenständigkeit der DDR gegenüber der BRD zu unterstreichen. Das Staatswappen der DDR (Hammer und Zirkel im Ährenkranz als Symbol für das Bündnis zwischen Arbeitern, Bauern und Intelligenz) wird Bestandteil der schwarz-rot-goldenen Fahne.
- **1960** Etwa 199 000 DDR-Bürger verlassen die DDR und gehen in den Westen. Bis Juni 1961 folgen ihnen noch weitere 103 000 Bürgerinnen und Bürger.
- **13.8.1961** Berliner **Mauerbau**
- **1963** Das *Neue Ökonomische System* soll die Planwirtschaft verbessern. Die volkseigenen Betriebe (VEB) dürfen über einen Teil ihrer Gewinne selbst verfügen. Diese Reform verfehlt aber ihre Wirkung.
- **3.5.1971** Ulbricht wird aus Altersgründen von der Funktion des Ersten Sekretärs des Zentralkomitees entbunden. Nachfolger wird Erich **Honecker**.
- **1971–1989** Ära Honecker

Erich Honecker (1912–1994)

Honecker war seit frühester Jugend in der kommunistischen Bewegung aktiv. Nach der Machtübernahme der Nationalsozialisten 1933 ging er wie viele seiner Parteigenossen in den Untergrund. Im Jahr 1935 nahm ihn die Gestapo fest, zwei Jahre später wurde er zu zehn Jahren Zuchthaus verurteilt. Kurz vor Kriegsende 1945 gelang ihm die Flucht. 1946 war er Gründungsmitglied der Freien Deutschen Jugend (FDJ), der späteren Staatsjugendorganisation der DDR. Bis 1955 bleibt er deren Vorsitzender. 1971 wurde Honecker Erster Sekretär im Zentralkomitee der SED und damit der neue starke Mann in der Partei. Von 1971 bis 1989 hat er den Vorsitz der SED (↗ S. 124), ab 1976 hat er auch den Vorsitz im Staatsrates inne. Seine Politik bewegte sich zwischen Öffnung und Abgrenzung der DDR. So unterzeichnete er die Schlussakte von Helsinki (KSZE, ↗ S. 110).
Gegen Ende seiner Amtszeit erkannte Honecker nicht die durch die Perestroika Gorbatschows (↗ S. 113) eingeleitete Notwen-

digkeit von Veränderungen. Im Zusammenhang mit den Todesschüssen an der Berliner Mauer erhob die Berliner Justiz 1991 Anklage gegen ihn. Die Untersuchungshaft wurde aufgrund seines schlechten Gesundheitszustands ausgesetzt. Honecker verließ Deutschland und starb in Santiago de Chile.

▶ STASI

In der DDR existierte ein flächendeckendes Netz der Überwachung. Im Februar 1950 schuf die DDR-Regierung das **Ministerium für Staatssicherheit** (MfS), kurz **Stasi** genannt. Die Stasi war Nachrichtendienst und Geheimpolizei zugleich. Sie verfügte über eine Spionageabwehr, unterhielt eigene Gefängnisse (z.B. Berlin-Hohenschönhausen) und stellte strafrechtliche Ermittlungen an. Von 1957 bis 1989 leitete Erich **Mielke** das Ministerium für Staatssicherheit. Bei der Stasi konnte man sich nicht bewerben, vielmehr suchte diese ihren Nachwuchs selbst aus. Am Ende der DDR trugen 91 000 Mitarbeiter zum Funktionieren der SED-Diktatur bei. Darüber hinaus gab es inoffizielle Mitarbeiter (IM), die heimlich Informationen über Freunde, Kollegen oder Mitstudenten an die Stasi lieferten. Die Anzahl der Informanten wird auf rund 189 000 Personen geschätzt.

In den Monaten nach der friedlichen Revolution in der DDR gab es eine heftige Debatte, ob die Unterlagen des Ministeriums für Staatssicherheit geöffnet, verschlossen oder gar vernichtet werden sollten. 1991 verabschiedete der Deutsche Bundestag das Stasi-Unterlagen-Gesetz und schuf eine Behörde, die für die rund 6 Millionen Personalakten zuständig ist. Die Bundesbehörde wurde zunächst von dem Pfarrer und Bürgerrechtler Joachim Gauck geleitet, 2000 trat die Bürgerrechtlerin und Grünenpolitikerin Marianne Birthler die Nachfolge an (*Birthler-Behörde*), 2011 löste sie der Journalist und Bürgerrechtler Roland Jahn ab. Seit dem Inkrafttreten des Gesetzes haben 2,83 Millionen Mal Menschen Einsicht in die existierenden Akten erhalten.

Ende der DDR

- **Anfang Juli 1989** *Fluchtwelle* aus der DDR über westliche Botschaften in Budapest, Warschau und Prag
- **13.8.1989** Anlässlich des 28. Jahrestages des Mauerbaues in Berlin betont die SED, dass die DDR nicht reformbedürftig sei.
- **10.9.1989** Ungarn öffnet seine Westgrenze für DDR-Bürger, etwa 50 000 überqueren sie.
- **25.9.1989** Tausende demonstrieren in Leipzig. In den folgenden Wochen schwillt die Anzahl der Teilnehmerinnen und Teilnehmer an den **Montagsdemonstrationen** auf über 200 000 an.
- **18.10.1989** SED-Generalsekretär Honecker tritt zurück, Nachfolger wird Egon Krenz.
- **13.11.1989** Hans Modrow wird der neue Ministerpräsident der DDR.
- **18.3.1990** Die ersten freien Wahlen zur Volkskammer finden statt, Sieg der Ost-CDU.
- **12.4.1990** Lothar de Maizière (CDU) bildet eine Koalitionsregierung und die Volkskammer stimmt dem Beitritt der DDR zur BRD nach Art. 23 des GG der BRD zu.

9.5 Wiedergewinnung der deutschen Einheit

▶ STALINNOTE

Im März 1952 schlug Stalin die Bildung einer gesamtdeutschen Regierung vor, die an der Vorbereitung eines Friedensvertrages mit Deutschland beteiligt sein und sich international neutral verhalten sollte. Die **Stalinnote** kam zwei Monate vor dem vorgesehenen Unterzeichnungstermin für die Europäische Verteidigungsgemeinschaft (EVG). Bundeskanzler Adenauer weigerte sich, auf die Vorschläge der Note einzugehen, da er sie für ein taktisches Manöver hielt. Die SPD-Opposition plädierte für ein Ausloten der Möglichkeiten, konnte sich aber nicht durchsetzen.

Der Kampf um das Alleinvertretungsrecht

BEISPIEL Hallsteindoktrin

Im Kampf um das Alleinvertretungsrecht aller Deutschen drohte die BRD allen Ländern, außer der UdSSR, mit dem Abbruch der diplomatischen Beziehungen, wenn diese die DDR international anerkennen würden. Diese von dem Staatssekretär im Auswärtigen Amt, Walter Hallstein, formulierte **Hallsteindoktrin** wurde zweimal angewandt: 1957 gegen Jugoslawien, 1963 gegen Kuba. Im Zuge der Ostpolitik (↗ S. 122) wurde diese stumpfe *diplomatische Waffe* aufgegeben.

- **Feb. 1967** Ulbrichtdoktrin: Die Außenminister des Warschauer Pakts einigen sich: Kein Paktmitglied soll vor der DDR sein Verhältnis zur BRD normalisieren.
- **13. 6. 1967** Bundeskanzler **Kiesinger** beantwortet als erster Bundeskanzler der BRD einen Brief des DDR-Ministerpräsidenten.
- **3. 9. 1971** Das **Viermächteabkommen** bestätigt die Verantwortlichkeiten und Rechte der vier Alliierten unter Wahrung ihrer unterschiedlichen Machtpositionen und legt fest, dass die bestehende Lage nicht einseitig verändert werden solle.
- **17. 12. 1971** Unterzeichnung des *Transitabkommens* (Berlinabkommen), die deutsch-deutsche Ergänzung zum Viermächteabkommen. Regelung des Reise- und Besuchsverkehr von Westberlin nach Ostberlin und in die DDR
- **21. 12. 1972** Der **Grundlagenvertrag** (↗ Ostpolitik, S. 122) wird unterzeichnet; Einrichtung von Ständigen Vertretungen in Bonn und Ostberlin sowie Reiseerleichterungen zwischen beiden deutschen Staaten; der Grundlagenvertrag markiert das Ende der Hallsteindoktrin (↗ oben)
- **18. 9. 1973** Die DDR und die BRD werden Mitglieder der Vereinten Nationen (↗ UNO, S. 105–107).

- **9.11.1989** **Öffnung der Berliner Mauer** (Mauerfall) und der Grenze zwischen BRD und DDR
- **19.12.1989** Bundeskanzler Kohl verabredet mit Ministerpräsident Modrow eine Vertragsgemeinschaft. Diese beinhaltet unter anderem die Öffnung des Brandenburger Tors für Fußgänger, Reiserleichterungen und den Wegfall des Zwangsumtauschs sowie Amnestie für politische Gefangene.
- **10./11.2.1990** Bundeskanzler Kohl und Außenminister Hans-Dietrich **Genscher** erhalten in Moskau Gorbatschows *Einverständnis zur Vereinigung* der beiden deutschen Staaten.
- **12.–14.2.1990** Gemeinsame Konferenz der Außenminister der NATO- und Warschauer-Pakt-Staaten in Ottawa. Einigung über die Form **Zwei-plus-Vier**: Die zwei deutschen Staaten und die vier Mächte (USA, Sowjetunion, Frankreich, Großbritannien) verhandeln über die außenpolitische Seite der deutschen Vereinigung.
- **11./12.9.1990** Vierte und abschließende Zwei-plus-Vier-Verhandlung in Moskau, danach Unterzeichnung der Vereinbarungen

Die wichtigsten Inhalte des **Zwei-plus-Vier-Vertrags:**

- **Festlegung der Grenzen**; keine Gebietsansprüche Deutschlands gegen andere Staaten
- **Beschränkung der deutschen Streitkräfte** auf 370 000
- **Abzug der sowjetischen Truppen** aus der DDR und Ostberlin bis Ende 1994
- **Aufhebung der Vier-Mächte-Rechte** über Deutschland
- **Volle Souveränität** des vereinten Deutschlands

- **1.7.1990** Staatsvertrag zur Währungs-, Wirtschafts- und Sozialunion zwischen der BRD und der DDR
- **3.10.1990** **Vereinigung Deutschlands** (sogenannte Wiedervereinigung) durch den Beitritt der DDR zur BRD

Staatsvertrag BR Deutschland–DDR
Die wichtigsten Vertragsinhalte

Währungsunion
- DM wird einzige Währung
- Deutsche Bundesbank wird alleinige Zentralbank
- Umtauschkurse (Mark der DDR zu DM)
  1 : 1 für Löhne und Gehälter, Renten, Mieten, Pachten, Stipendien
  1 : 1 für Guthaben von natürlichen Personen bis zu bestimmten Höchstgrenzen
  2 : 1 für alle übrigen Forderungen und Verbindlichkeiten

Wirtschaftsunion
Die DDR schafft die Voraussetzungen für die soziale Marktwirtschaft:
- Privateigentum
- Freie Preisbildung
- Wettbewerb
- Gewerbefreiheit
- Freier Verkehr von Waren, Kapital, Arbeit
- ein mit der Marktwirtschaft verträgliches Steuer-, Finanz- u. Haushaltswesen
- Einfügung der DDR-Landwirtschaft in das EG-Agrarsystem

Sozialunion
Die DDR schafft Einrichtungen entsprechend denen in der BR Deutschland:
- Rentenversicherung
- Krankenversicherung
- Arbeitslosenversicherung
- Unfallversicherung
- Sozialhilfe

Die DDR richtet nach dem Vorbild der BR Deutschland ein:
- Tarifautonomie
- Koalitionsfreiheit
- Streikrecht
- Mitbestimmung
- Betriebsverfassung
- Kündigungsschutz

Die BR Deutschland gewährt für die Anschubfinanzierung der Sozialsysteme Mittel aus dem Bundeshaushalt und für den Haushaltsausgleich der DDR Finanzzuweisungen aus dem „Sonderfonds Deutsche Einheit" in Höhe von 115 Mrd. DM

Staatsvertrag BRD–DDR

2. 12. 1990 Erste gesamtdeutsche Bundestagswahlen, Bestätigung der christdemokratisch-liberalen Koalition (CDU/CSU und FDP)

20. 6. 1991 Der Bundestag beschließt, den Sitz der Bundesregierung und des Bundestages von Bonn nach Berlin zu verlegen.

1998 Regierungswechsel: Nach 16 Jahren wird die christlich-liberale Koalition unter Helmut Kohl abgewählt. Der neue Bundeskanzler wird Gerhard **Schröder** (SPD). Er wird gestützt von einer Mehrheit aus SPD und Bündnis 90/Die Grünen.

1999 Nach einem Beschluss des Deutschen Bundestags nehmen deutsche Soldaten unter dem Oberbefehl der NATO am Militäreinsatz im Kosovo teil. Es ist der erste deutsche Militäreinsatz nach dem Ende des Zweiten Weltkriegs. Deutsche Soldaten stehen in den folgenden Jahren in Afghanistan, Kuwait, im Kosovo, in Bosnien und Mazedonien, in Usbeskistan und am Horn von Afrika im Einsatz.

2004 Regierungswechsel: Eine große Koalition (CDU, SPD) unter der Bundeskanzlerin Angela **Merkel** (CDU) löst Gerhard Schröder ab.

2009 Bei der Bundestagswahl erreichen die Unionsparteien und die FDP die notwendige Mehrheit für eine Koalition. Bundeskanzlerin bleibt Angela Merkel.

Lerncheck

Kapitel „Deutschland nach 1945“	O. K. ✓	Das muss ich noch mal lesen
Ich kann Schwierigkeiten und Probleme für den gesellschaftlichen Neuaufbau in Deutschland nach 1945 nennen.		S. 116, 117
Ich kann Stationen der deutschen Teilungsgeschichte aufzählen.		S. 118
Ich kann Unterschiede im politischen und wirtschaftlichen System der BRD und der DDR beschreiben.		S. 119–128
Ich kann wesentliche Stationen bis zur Souveränität der Bundesrepublik Deutschland benennen.		S. 120, 121
Ich kann den Begriff „Entspannungspolitik“ und deren Zielsetzung erläutern.		S. 122
Ich kann die Vorgeschichte der Öffnung der Berliner Mauer beschreiben.		S. 128
Ich kann den Prozess der deutschen Einigung im internationalen Rahmen erläutern.		S. 129–132

10 Europäische Integration

1950 | 1960 | 1970

1949 Gründung des Europarats

1951 Gründung EGKS

1957 Römische Verträge EWG

1967 Verschmelzung zur EG

10.1 Erste Schritte der Integration

1929 Der französische Premierminister Aristide **Briand** macht vor der Versammlung des Völkerbundes den Vorschlag, Europa zu einen.

19.9.1946 Winston Churchill verlangt in Zürich die Gründung der Vereinigten Staaten von Europa.

16.4.1948 Gründung der Organisation für europäische wirtschaftliche Zusammenarbeit (OEEC) im Rahmen des Marshallplans (↗ S. 107)

8.–10.5.1948 Der Koordinierungsausschuss für die europäische Einheit beruft den Kongress von Den Haag ein. In seiner Resolution fordert der Kongress ein geeintes demokratisches Europa und die Schaffung des Europarates.

5.5.1949 In London wird der **Europarat** mit Sitz in Straßburg gegründet.

9.5.1950 Der französische Außenminister Robert **Schuman** schlägt die Gründung der Europäischen Gemeinschaft für Kohle und Stahl (EGKS, **Montanunion**) vor. Die EGKS begründete den ersten gemeinsamen Markt für die damaligen Schlüsselindustrien, für die BRD ein wichtiger Schritt zur Eingliederung in Europa.

1980 | 1990 | 2000

1979
Erste Wahl zum
Europäischen Parlament

1992
Maastrichter Vertrag

1995
Schengener Abkommen

1999
Einführung
des Euro

24.10.1950 Der französische Ministerpräsident René Pleuen schlägt die Schaffung einer europäischen Armee vor.

18.4.1951 Unterzeichnung des Pariser Vertrags zur Gründung der EGKS zwischen Belgien, der Bundesrepublik Deutschland, Frankreich, Italien, Luxemburg und den Niederlanden (die *Sechs*).

BEISPIEL **Europarat**

Die Gründung des Europarats 1949 war ein erster Versuch, die europäischen Staaten näher zusammenzubringen. Seine Mitglieder verpflichten sich auf den Schutz und die Förderung gemeinsamer Ideale und Grundsätze. Hierzu gehört vor allem die Achtung der Menschenrechte und der Grundfreiheiten. Zu diesem Zweck wurde der Europäische Gerichtshof für Menschenrechte mit Sitz in Straßburg eingerichtet. Heute sind im Europarat 47 Länder Mitglieder. Der Europarat darf nicht mit dem Europäischen Rat (↗ Grafik S. 139) verwechselt werden.

▶ SCHUMANPLAN

Der französische Außenminister Robert Schuman gab mit seinem Plan den Anstoß für die 1951 gegründete europäische Gemeinschaft für Kohle und Stahl (Montanunion). Dabei wur-

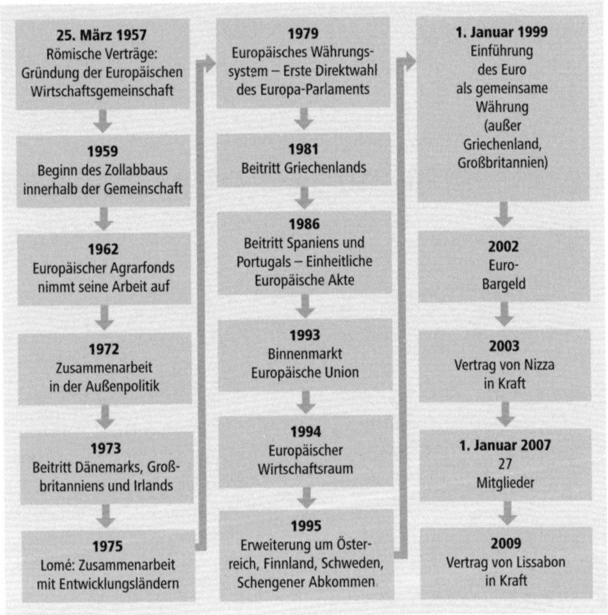

Etappen der Europäischen Einigung

den unterschiedliche Interessen verwirklicht. Während Frankreich ein Interesse hatte, die deutsche Kohle- und Stahlindustrie, insbesondere das Ruhrgebiet, unter eine gemeinsame Kontrolle zu stellen, um die Möglichkeit eines Krieges zukünftig auszuschließen, nutzte die noch nicht souveräne Bundesrepublik Deutschland unter Konrad Adenauer (↗ S. 119) die Chance, als gleichberechtigtes Mitglied unter den sechs Mitgliedern anerkannt zu werden. Durch die wirtschaftliche Zusammenarbeit wurde auch die Aussöhnung nach dem Zweiten Weltkrieg vorangetrieben.

10.2 Von der EWG zur EU

▶ EG

Die Europäische Wirtschaftsgemeinschaft (EWG) kann man als Vorläufer der Europäischen Union bezeichnen. In den Römischen Verträgen von 1957 einigten sich die Beneluxstaaten, Italien, Frankreich und die Bundesrepublik auf die Errichtung eines gemeinsamen Marktes sowie die Gründung der Europäischen Atomgemeinschaft (EAG/Euratom). 1965 wurden die drei Organisationen EWG, Montanunion und Euratom unter einem Dach vereint. Die Bezeichnung **Europäische Gemeinschaft (EG)** wurde zum Sammelbegriff für alle drei Gemeinschaften, die 1967 mit Jean **Rey** den ersten Kommissionspräsidenten erhielten. Zu den ursprünglichen Zielen der EG kamen nach und nach neue Aufgaben hinzu, etwa in der Umwelt-, Sozial-, Forschungs- und Technologiepolitik.

- **1962** Gemeinsame Agrarpolitik: Der Ministerrat einigt sich auf entsprechende Grundsätze.
- **Dez. 1969** Die Staats- und Regierungschefs der EG treffen sich in Den Haag. Die Themen sind Vollendung des Binnenmarktes, Vertiefung der Integration und Erweiterung der EG. Sie fassen einen Beschluss zur beschleunigten Integration, zur stufenweisen Einführung der Wirtschafts- und Währungsunion (WWU) bis 1980 und zur politischen Zusammenarbeit.
- **Juli 1978** Der **Europäische Rat** beschließt in Bremen die Schaffung des Europäischen Währungssystems und der Europäischen Währungseinheit.
- **1979** Das **Europäische Währungssystem** (EWS) verbindet die europäischen Währungen untereinander.
- **7.–10.6.1979** Die ersten und unmittelbaren Europawahlen finden in den neun EG-Mitgliedsstaaten statt. Die französische Politikerin Simone Veil wird erste Parlamentspräsidentin.

- **14.2.1984** Der Entwurf eines Vertrags zur Gründung der Europäischen Union wird vom **Europäischen Parlament** angenommen.
- **3.10.1990** Mit dem Vollzug der deutschen Einheit werden die fünf ostdeutschen Bundesländer zugleich Teil der EG.
- **7.2.1992** Der Vertrag über eine stärkere Integration der Europäischen Gemeinschaft, der eine gemeinsame, einheitliche europäische Währung vorsieht, wird in Maastricht unterzeichnet.
- **1.11.1993** Der Vertrag über die **Europäische Union** (EU) tritt in Kraft.

▶ EUROPÄISCHE UNION (EU)

Die Bezeichnung EG – Europäische Gemeinschaft – wurde mit dem **Vertrag von Maastricht** durch EU abgelöst. Dieser sieht die EU auf drei Säulen stehen: den bestehenden Europäischen Gemeinschaften (EG, Euratom), der gemeinsamen Außen- und Sicherheitspolitik (↗ GASP, S. 141–142) sowie der Zusammenarbeit im Bereich Inneres und Justiz. Für die Zukunft gilt es, die Fragen nach der Erweiterung (Integration der mittel- und osteuropäischen Länder) und der Vertiefung (Welche Souveränitätsrechte der einzelnen Staaten gehen auf die EU über?) zu klären. Nach dem Beitritt von zehn neuen Ländern am 1. Mai 2004 wurden 2007 Bulgarien und Rumänien EU-Mitglieder. Aufnahmegespräche mit der Türkei sind beschlossen.

▶ EUROPÄISCHES PARLAMENT

Bereits seit 1958 gibt es ein **Europäisches Parlament,** doch erst seit 1979 werden die Abgeordneten von den Bürgern der Mitgliedsstaaten alle fünf Jahre gewählt. Anfangs hatte die Versammlung nur beratenden Charakter. Inzwischen sind die Mitsprache- und Kontrollrechte des Parlaments gewachsen. Der Präsident und die Mitglieder der Europäischen Kommission müssen durch das Europäische Parlament gewählt werden. Bei der Mehrzahl der Gesetzgebung hat das Parlament ein Mitent-

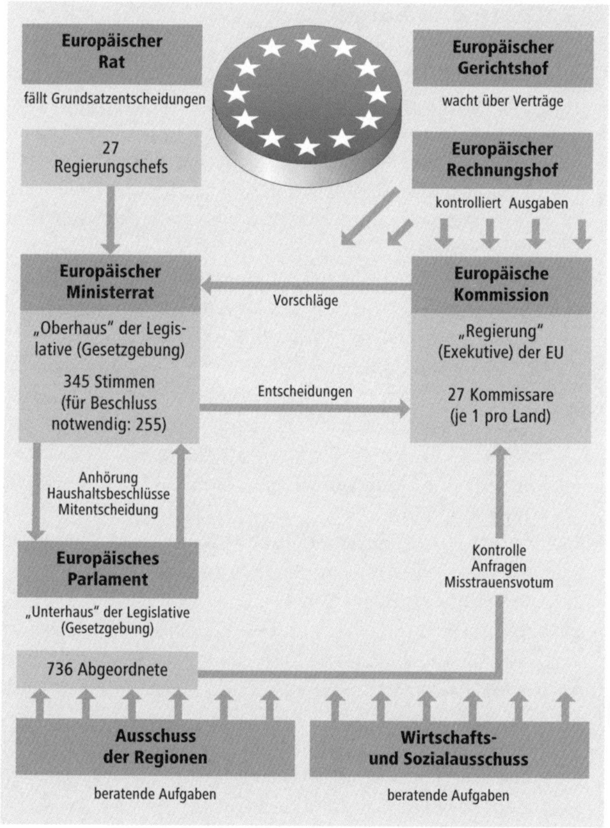

Funktionsweise der EU (Stand 2011)

scheidungsrecht. Für die Dauer seiner Wahlperiode ernennt es einen Bürgerbeauftragten (Ombudsmann), der Beschwerden über Missstände im Rahmen der Tätigkeiten der Organe oder Einrichtungen der EU entgegennimmt. Sitz des Parlaments ist Straßburg.

10.3 Krisen und Konflikte

23. 12. 1990 88,5 % der Stimmberechtigten votieren bei einer Volksabstimmung in Slowenien für die Unabhängigkeit von Jugoslawien.

25. 7. 1991 Unabhängigkeitserklärungen von Slowenien und Kroatien. Die serbisch dominierte Bundesarmee geht gewaltsam gegen die früheren jugoslawischen Teilrepubliken vor.

15. 10. 1991 Bosnien-Herzegowina erklärt seine Unabhängigkeit durch Beschluss des Parlaments in Sarajewo mit seiner Mehrheit an Muslimen und Kroaten.

19. 11. 1991 Mazedonien erklärt seine Unabhängigkeit, wird aber zunächst nur von der Türkei und Bulgarien diplomatisch anerkannt. Griechenland blockiert bis zum April 1993 aus Sorge vor Gebietsansprüchen auf die griechische Provinz Makedonien die völkerrechtliche Anerkennung durch die EG.

15. 12. 1991 Deutschland erkennt Kroatien und Slowenien völkerrechtlich an. Anerkennung durch die übrigen EG-Staaten Mitte Januar 1992.

27. 4. 1992 Gründung der Bundesrepublik Jugoslawien bestehend aus Serbien und Montenegro

April 1992 – Nov. 1995 Krieg in Bosnien-Herzegowina mit dem Ziel „ethnischer Säuberungen“

17. 7. 1992 Nach der Unabhängigkeits- und Souveränitätserklärung der Slowakei tritt Václav Havel als Staatspräsident der Tschechoslowakei zurück.

23. 7. 1992 Die Ministerpräsidenten Václav Klaus und Vladimír Mečiar beschließen die Auflösung der Tschechoslowakei zum 1. Jan. 1993. Es entstehen die Tschechische Republik (Tschechien) und die Slowakei.

Mai 1993 Errichtung eines Internationalen Kriegsverbrechertribunals in Den Haag zur Ahndung von Kriegsverbrechen auf dem Territorium des ehemaligen Jugoslawien

▶ BALKANKONFLIKT

Die jahrzehntelangen Nationalitätenkonflikte im *Vielvölkerstaat Jugoslawien* traten nach Titos Tod 1980 offen zutage. Sie weiteten sich 1991 zu einem Krieg aus, nachdem sich Mitte 1991 die Teilrepubliken Slowenien sowie Kroatien und 1992 Bosnien-Herzegowina für unabhängig erklärten. Die serbische Bevölkerung im ehemaligen Jugoslawien, die in allen Teilrepubliken mit einer Minderheit vertreten war, aber während des Kommunismus eine politisch dominierende Rolle im Land innehatte, fürchtete Machteinbußen. Die serbisch dominierte jugoslawische Armee marschierte in Kroatien und Bosnien-Herzegowina ein. 250 000 Menschen starben bei den vier Jahre dauernden Kämpfen oder werden vermisst. Noch immer werden in Bosnien Massengräber entdeckt. Am 14. Dezember 1995 schlossen Bosnien-Herzegowina, Kroatien und Serbien in Dayton (USA) ein Friedensabkommen. Dieses sieht die staatliche Einheit Bosnien-Herzegowinas als Föderation mit einem kroatisch-muslimischen und einem serbischen Teil sowie der Hauptstadt Sarajewo vor.

- **Anfang 1998** Der Konflikt in der jugoslawischen Provinz Kosovo, in der der albanische Bevölkerungsteil (rund 90 %) für seine Autonomie bzw. Unabhängigkeit von Jugoslawien kämpft, verschärft sich.
- **März 1999** Ohne Mandat der UNO gibt NATO-Generalsekretär Solana den Befehl, Luftangriffe gegen Serbien einzuleiten. Die Luftoffensive dauert 79 Tage.
- **2008** Die Republik Kosovo löst sich von Serbien und erhält ihre staatliche Unabhängigkeit.

BEISPIEL

Gemeinsame Außen- und Sicherheitspolitik (GASP)

Der in Maastricht geschlossene Vertrag über die EU von 1992 enthielt erstmals vertragliche Bestimmungen für eine Gemeinsame Außen- und Sicherheitspolitik. Die Grundsätze und allgemeinen Leitlinien der **GASP** werden vom Europäischen Rat bestimmt. Er beschließt auf Empfehlung des Ministerrats gemeinsame Aktionen (Entsendung von Wahlbeobachtern, Ernennung eines Sonderbeauftragten, Verhängung bestimmter Sanktionen) im Rahmen der GASP. So beteiligte sich die EU 1995 an der Umsetzung der Friedensregelung für Bosnien-Herzegowina. Ende der Neunzigerjahre trug der ehemalige Bremer Bürgermeister Hans Koschnick als EU-Beauftragter dazu bei, dass in der kriegszerstörten bosnischen Stadt Mostar die verfeindeten Bevölkerungsgruppen einen neuen Anfang machten. Im März 2003 übernahm erstmals ein EU-Korps in Mazedonien das Kommando für eine sicherheitspolitische Aktion. Doch bleibt die GASP problematisch, da die EU-Mitgliedsstaaten sehr häufig unterschiedlicher Auffassung sind. Dies wurde vor allem während des Balkankrieges deutlich. Trotz GASP mussten die NATO und die USA militärisch eingreifen.

10.4 Die Union zu Beginn des 21. Jahrhunderts

- **26.3.1995** Mit dem **Schengener Abkommen** werden an den Grenzen zwischen Deutschland, den Benelux-Staaten, Frankreich, Spanien und Portugal keine Personenkontrollen mehr durchgeführt. In den folgenden Jahren treten weitere Staaten dem Abkommen bei (u. a. Griechenland, Österreich, Finnland, Estland, Schweiz).
- **1997** Der Vertrag von Amsterdam bringt eine Reihe von Neuerungen, die in einigen Bereichen zur Stärkung der Gemeinschaftsstrukturen führen.
- **1.1.1999** Gründung der **Wirtschafts- und Währungsunion** (WWU) mit dem Euro als Einheitswährung
- **Dez. 2000** Auf der Konferenz von Nizza einigt sich der Europäische Rat über die *EU-Osterweiterung* (Vertrag von Nizza). Dabei werden auch die Stimmgewichtungen in Ministerrat, Kommission und Parlament neu geregelt.

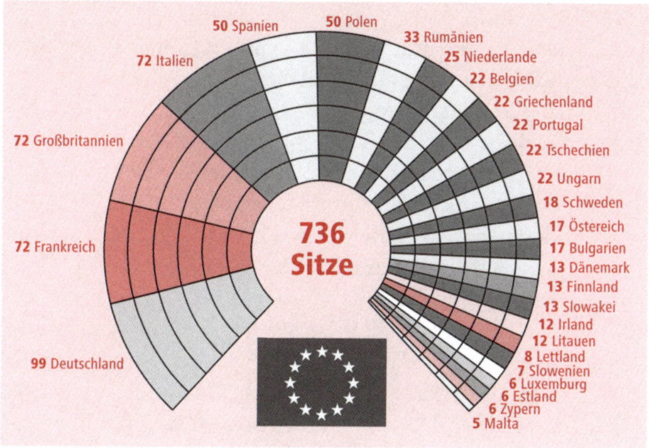

Die Sitzverteilung im Europäischen Parlament (Stand 2011)

1.1.2002 Der **Euro** wird alleiniges Zahlungsmittel in der WWU; es löst die jeweiligen nationalen Währungen ab.

1.5.2004 Die Osterweiterung wird vollzogen: Zehn neue Länder treten der EU bei: Estland, Lettland, Litauen, Malta, Polen, Slowakei, Slowenien, Tschechien, Ungarn, Zypern.

Juni 2004 Die Wahlen zum Europäischen Parlament finden erstmals in 25 Mitgliedsstaaten statt.

1.1.2007 Rumänien und Bulgarien werden in die Europäische Union aufgenommen. Die EU umfasst jetzt 27 Mitgliedstaaten.

Juni 2009 Aus den Wahlen zum Europäischen Parlament geht die Mitte-rechts gerichtete Europäische Volkspartei (EVP) als Sieger hervor. Das Parlament stimmt danach für eine erneute Führung der EU-Kommission unter dem Präsidenten José Manuel Barroso.

1.12.2009 Der Vertrag von Lissabon tritt in Kraft.

BEISPIEL **Euro**
Am 1. Januar 2002 wurde in zwölf Ländern (Belgien, Deutschland, Finnland, Frankreich, Griechenland, Irland, Italien, Luxemburg, Niederlande, Österreich, Portugal, Spanien) der Euro (€) als Bargeld eingeführt. Seit 2007 gibt es den Euro auch in Slowenien. Malta und Zypern folgten im Jahr 2008, die Slowakei 2009. Über die Geldpolitik in der Europäischen Union wacht die **Europäische Zentralbank (EZB)**. Sie ist für stabile Preise zuständig und hat ihren Sitz in Frankfurt am Main. Die durchschnittliche jährliche Inflationsrate des Euro bis Ende 2010 lag bei rund 2 %. Zum Vergleich: In den 80er-Jahren lag die Inflationsrate in Deutschland zu Zeiten der DM bei 2,9 %, in den 70er-Jahren bei 4,9 %. Durch die Schuldenkrise in den Euroländern wie z. B. Griechenland, Irland, Spanien und Portugal sind die Europäische Zentralbank und die EU sehr gefordert. Mit einem EU-Rettungsschirm wird versucht, die hoch verschuldeten Euro-Staaten zu unterstützen. Der Erfolg dieser Maßnahme wird sich nur einstellen, wenn die Finanzpolitik der einzelnen EU-Staaten diese Krise mit allen, auch unbequemen Maßnahmen bekämpft.

▶ REFORM DER EU

Im Juni 2004 einigten sich die Staats- und Regierungschefs auf einen Vertrag, der eine Verfassung für Europa vorsah. Dieser Vertrag sollte ursprünglich am 1. November 2006 in Kraft treten. Zuvor war aber eine Zustimmung aller 25 Mitgliedsstaaten notwendig. Bei Volksabstimmungen in Frankreich und in den Niederlanden erhielt das Vertragswerk nicht die notwendige Zustimmung. Dies führte zu einer schweren Krise in der EU. Der **Vertrag von Lissabon**, vereinbart im Oktober 2007 von den Staats- und Regierungschefs der nunmehr 27 Mitgliedsstaaten, sollte die EU für die Zukunft handlungsfähiger machen und baut in vielen Teilen auf dem Verfassungsvertrag auf. Doch erst nach einer erneuten Volksabstimmung in Irland konnte er Ende 2009 in Kraft treten. Der Vertrag sieht unter anderem die Einführung eines „EU-Außenministers“ vor.

Lerncheck

Kapitel „Europäische Integration“	O.K. ✔	Das muss ich noch mal lesen
Ich kann die Ursprünge und die ersten Schritte der europäischen Integration benennen.		S. 134, 135
Ich kann Prinzipien und Ziele der europäischen Einigung aufzeigen.		S. 134–136
Ich kann Etappen der europäischen Einigung herausarbeiten.		S. 136
Ich kann die Bedeutung des Europäischen Parlaments erläutern.		S. 138, 139
Ich kann grundlegende Funktionsweisen der EU beschreiben.		S. 139
Ich kann europäische Krisen und Konflikte in den 90er-Jahren wiedergeben.		S. 140–142
Ich kann Beispiele für gemeinsames europäisches Handeln nennen.		S. 141–144

Stichwortverzeichnis